cocina práctica

barbacoa
para sorprender

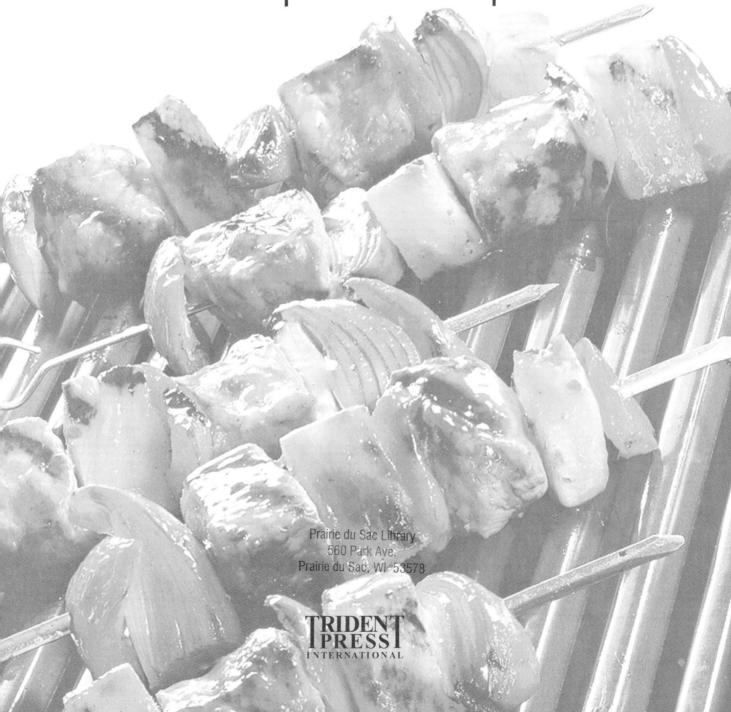

TRIDENT PRESS
INTERNATIONAL

Publicado por:
TRIDENT PRESS INTERNATIONAL
801 12th Avenue South, Suite 400
Naples, Fl 34102 USA
Copyright©Trident Press Intarnational 2003
Tel: + 1 239 649 7077
Fax: + 1 239 649 5832
Email: tridentpress@worldnet.att.net
Sitio web: www.trident-international.com

créditos

Cocina práctica, Barbacoa para sorprender

Fotos: Warren Webb, William Meppem, Andrew Elton,
Quentin Bacon, Gary Smith, Per Ericson, Paul Grater,
Ray Joice, John Stewart, Ashley Mackevicius, Harm Mol,
Yanto Noerianto, Andy Payne.
Producción fotográfica: Stephane Souvlis, Janet Lodge,
Di Kirby, Wendy Berecry, Belinda Clayton,
Rosemary De Santis, Carolyn Fienberg, Jacqui Hing,
Michelle Gorry, Christine Sheppard, Donna Hay.
Desarrollo de recetas: Ellen Argyriou, Sherlyle Eastwood,
Kim Freeman, Lucy Kelly, Donna Hay, Annekka Mitchell,
Penelope Peel, Jody Vassallo, Belinda Warn, Loukie Werle.

EDICIÓN EN ESPAÑOL
Producción general: Isabel Toyos
Traducción: Emilia Ghelfi
Adaptación de diseño: Mikonos, Comunicación Gráfica
Corrección y estilo: Aurora Giribaldi y Gabriel Valeiras

Incluye índice
ISBN 158279491X
EAN 9781582794914
UPC 6 15269 79491 3

Edición impresa en 2003
Computer Typeset in Humanist 521 & Times New Roman

Impreso en Colombia

Contenido

introducción

introducción

¿Qué barbacoa elegir?

Hay disponibles muchas barbacoas diferentes. La elección dependerá de su presupuesto, de cuántas personas comen regularmente y de si la barbacoa suele ser planeada o espontánea.

Barbacoas a gas

Estas barbacoas contienen piedras de lava que se calientan con quemadores a gas. Las piedras distribuyen el calor de un modo parejo y, si se dispone de una barbacoa con múltiples quemadores, es posible tener las piedras calientes en un costado y fuego medio en el otro. La parrilla sobre la que se cuece la comida se coloca sobre las piedras. Las barbacoas a gas también requieren una garrafa de gas envasado que hay que recargar con regularidad; esto no es muy costoso. Para usar una barbacoa a gas, es importante seguir las instrucciones del fabricante. Si no se enciende de inmediato, apáguela; espere que se disperse la acumulación de gas e inténtelo de nuevo.

Barbacoas a leña y a carbón

Paciencia y planificación son la clave para usar estos tipos de barbacoas. Necesitan una hora para calentarse, de modo que hay que acordarse de encenderlas con anticipación.

Barbacoas eléctricas

Son ideales para ambientes interiores y, como las barbacoas a gas, producen calor casi al instante.

¿Cuán caliente?

Las recetas de este libro se asaron en una barbacoa a gas. Éstas se calientan con mucha rapidez y el calor es bastante fácil de controlar; sin embargo, si su barbacoa es a carbón, madera o combustible, tiene que calcular 30-45 minutos para que el carbón se caliente y 45 minutos-1 hora para la madera. La siguiente es una guía para evaluar el calor de estas barbacoas.

Fuego fuerte

Las brasas estarán incandescentes debajo de una delgada capa de ceniza blanca, y cuando usted ponga la mano a 15 cm/6 in de las brasas, sólo podrá dejarla 3 segundos. Este fuego es ideal para sellar y para lograr una cocción rápida.

Fuego medio

La incandescencia habrá casi desaparecido y la ceniza será más gruesa y más gris. Cuando ponga la mano a 15 cm/6 in de las brasas, podrá dejarla 5-7 segundos. La mayoría de las barbacoas se hace a esta temperatura.

qué barbacoa
elegir

Fuego *bajo*

La incandescencia habrá desaparecido y quedará una gruesa capa de ceniza gris. Este calor es ideal para una cocción lenta.

La cantidad de calor que llega a los alimentos en estas barbacoas también puede controlarse moviendo la parrilla más cerca o más lejos del fuego.

Si tiene una barbacoa a leña, puede agregar interesantes sabores a los alimentos usando diferentes tipos de madera. Es bueno ser consciente de que hay algunas plantas venenosas, y la madera de esas plantas, como la leña tratada químicamente, no sirve para asar. Según donde viva, encontrará maderas frutales, como las de cerezos o de manzanos, que dan un suave sabor dulce, delicioso para cocinar cerdo, aves y pescados, o cortes de viña, que dan un delicado sabor dulzón excelente para el pescado y las aves. Las hierbas como el romero y el tomillo también conceden un interesante sabor cuando se queman en la barbacoa.

5

qué barbacoa
elegir

Medidas de seguridad

Con cualquier tipo de cocción hay que observar siempre reglas básicas de seguridad. Con la barbacoa es necesario recordar algunas adicionales.

- Si tiene una barbacoa a gas, antes de encenderla controle que todos los quemadores y las conexiones estén bien ajustados.
- Si su barbacoa a gas no enciende en el primer intento, apáguela; espere 20 segundos y pruebe de nuevo. Esto asegurará que no haya acumulación de gas.
- Siempre apague la barbacoa a gas desde la garrafa, así como desde los controles.
- Antes de encender el fuego, verifique el área donde va a asar. No tenga la barbacoa demasiado cerca de la casa y barra todas las hojas secas o cualquier cosa que pueda provocar fuego si salta una chispa.
- Controle permanentemente la barbacoa encendida. Mantenga a los niños y a los animales lejos de la barbacoa y de los utensilios calientes.
- No haga barbacoas en áreas cerradas. Si la lluvia lo obliga a mover la barbacoa bajo techo, asegúrese de que haya mucha ventilación.
- Recuerde siempre verificar las instrucciones de seguridad del fabricante.

Control del equipo

Use esta lista para asegurarse de tener el equipo básico para una barbacoa exitosa.

manopla o agarradera: importante para manipular pinchos, planchas y sartenes calientes.

pinzas: deben tener mangos largos para poder dar vuelta la comida sin quemarse. Úselas también para probar si la carne está lista y mover las brasas y las parrillas calientes.

pinceles para humectar: se usan para pincelar los alimentos con marinada, aceite, mantequilla o salsa durante la cocción.

espátulas: esenciales para dar vuelta alimentos delicados, como pescados, sin que se rompan. Las mejores tienen una hoja larga y ancha y un mango largo.

selección de cuchillos afilados: se usan para la preparación y el corte de la comida cocida.

doble rejilla y cestos de alambre: vienen en muchas formas y tamaños para cocinar pescados enteros y otros alimentos que son difíciles de dar vuelta. Pásele siempre aceite a la rejilla o al cesto antes de su uso, para que la comida no se pegue.

pinchos: los de bambú o madera son buenos para cocciones rápidas. Antes de usarlos, sumérjalos en agua para que no se quemen durante la cocción. Acéitelos ligeramente antes de insertar en ellos los alimentos, para que una vez cocidos se deslicen con facilidad. Los pinchos de metal son mejores para las comidas más pesadas.

fuentes y recipientes para marinar: recuerde que la mayoría de las marinadas contiene un ingrediente ácido, de modo que los materiales más indicados son el vidrio, la cerámica, el acero inoxidable o el enlozado. Las fuentes profundas de aluminio descartables también son una buena opción.

mojo de medio oriente

entradas

Mientras se calienta la barbacoa y

para distender a los invitados, sirva una selección de entradas asadas con tragos. Estas pequeñas delicias pondrán su reunión en marcha.

mojo
de medio oriente

Foto en página 9

Preparación

1 *Precalentar la barbacoa a fuego fuerte. Colocar la berenjena y la cebolla sobre la parrilla ligeramente aceitada y cocinar, dando vuelta cada tanto, 20-30 minutos o hasta que la piel de la berenjena y de la cebolla esté quemada y la pulpa esté blanda. Enfriar un poco, pelar y cortar en trozos.*

2 *Poner la berenjena, la cebolla, el ajo, $^1/_4$ de taza/60 ml/2 fl oz de aceite y el jugo de limón en un procesador o licuadora y procesar hasta homogeneizar. Agregar el perejil y la crema agria y mezclar para combinar.*

3 *Untar el pan ligeramente con aceite y tostar en la barbacoa 1-2 minutos de cada lado o hasta que esté crocante. Servir de inmediato con el mojo.*

Nota: *El lavash es un pan sin levadura de Medio Oriente que se compra en tiendas de comida de esa región y en algunos supermercados. Si no lo puede conseguir, reemplácelo por pan árabe.*

6 porciones

ingredientes

**1 berenjena grande
1 cebolla, sin pelar
2 dientes de ajo, machacados
aceite de oliva
2 cucharadas de jugo de limón
2 cucharadas de perejil fresco picado
$^1/_4$ taza/60 g/2 oz de crema agria
4 piezas de pan lavash,
cortadas en triángulos**

frutas
secas picantes asadas

Preparación

1 *Precalentar la barbacoa a fuego medio. Colocar los maníes, las nueces pacanas, las macadamias y las castañas de Cajú en un bol y mezclar. Agregar la páprika, el comino, el garam masala, el coriandro, la nuez moscada y la pimienta de Cayena; revolver hasta cubrir.*

2 *Calentar aceite en la plancha de la barbacoa, agregar la mezcla de frutas secas y cocinar, dando vuelta con frecuencia, 5 minutos o hasta que estén doradas. Enfriar un poco antes de servir.*

Atención: *Las frutas secas están muy calientes cuando salen de la barbacoa y retienen el calor bastante tiempo; por lo tanto, hay que avisar a los invitados cuando se sirven estas delicias.*

ingredientes

**250 g/8 oz de maníes tostados
185 g/6 oz de nueces pacanas
125 g/4 oz de macadamias
125 g/4 oz de castañas de Cajú
1 cucharada de páprika dulce
1 cucharada de comino molido
2 cucharaditas de garam masala
1 cucharadita de coriandro molido
1 cucharadita de nuez moscada
$^1/_4$ cucharadita de pimienta de Cayena,
o a gusto
1 cucharada de aceite de oliva**

6 porciones

Temperatura del horno 180°C/350°F/Gas 4

rollo
de salmón ahumado y berro

Preparación

1 Colocar las hojas de berro, el perejil, las yemas, la harina y pimienta a gusto en un procesador y procesar hasta homogeneizar. Pasar la mezcla a un bol. Poner las claras en otro bol y batir a punto de turrón. Incorporar las claras al preparado anterior con movimientos envolventes.

2 Extender la mezcla en un molde bajo engrasado y enharinado de 26 x 32 cm/10 $^1/_2$ x 12 3/4 in y hornear 5 minutos o hasta que esté apenas cocida. Desmoldar sobre una toalla de cocina húmeda y enrollar desde el lado más corto. Dejar enfriar.

3 Para hacer el relleno, colocar el queso crema, la crema agria, el salmón ahumado y el jugo de limón en un procesador y procesar hasta homogeneizar. Incorporar la gelatina a la mezcla de salmón.

4 Desenrollar la masa fría, untar con el relleno y volver a enrollar. Tapar y enfriar. Cortar en tajadas y servir.

10 porciones

ingredientes

1 atado/90 g/3 oz de berro
1 cucharadita de perejil fresco finamente picado
2 yemas
2 cucharadas de harina
pimienta negra recién molida
2 claras

Relleno de salmón ahumado
60 g/2 oz de queso crema
2 cucharadas de crema agria
90 g/3 oz de salmón ahumado
1 cucharadita de jugo de limón
1 $^1/_2$ cucharadita de gelatina, disuelta en 1 $^1/_2$ cucharadita de agua caliente y enfriada

fuente
de fruta y queso

Foto en página 13

Preparación

1 *Colocar el jugo de limón en un tazón, agregar los cascos de manzanas rojas y verdes y mezclar hasta cubrir, para evitar que se oscurezcan.*

2 *En una fuente grande disponer de un modo atractivo los cascos de manzanas rojas y verdes, las tajadas de kiwi, los gajos de naranja, los quesos, las galletas y un cuenco con mojo.*

Nota: *Elija frutas de estación y colóquelas con sus quesos favoritos en una fuente grande.*

10 porciones

ingredientes

3 cucharadas de jugo de limón fresco
2 manzanas rojas, sin el centro, cortadas en cascos
2 manzanas verdes, sin el centro, cortadas en cascos
4 kiwis, pelados y rebanados
2 naranjas, peladas, sin la membrana blanca, en gajos
100 g/4 oz de queso camembert
100 g/4 oz de queso stilton
100 g/4 oz de queso sabroso (cheddar maduro)
galletas de queso, compradas o caseras

mojo
de yogur y fruta de la pasión

Foto en página 13

Preparación

1 *Colocar el yogur, la miel y la pulpa de fruta de la pasión en un bol y mezclar.*
El perfecto acompañamiento para cualquier fruta fresca.
2 tazas/400 g/12 ¹/₂ oz

ingredientes

2 tazas/400 g/12 ¹/₂ oz de yogur natural, sin endulzantes
2 cucharadas de miel
3 cucharadas de pulpa de fruta de la pasión, o pulpa de 4-5 frutas de la pasión

guacamole
con tortillas

Foto en página 15

Preparación

1 *Para hacer la mantequilla de chile, colocar la mantequilla, la cáscara de limón, la salsa de chile y el comino en un bol y mezclar.*
2 *Para hacer el guacamole, colocar el aguacate en un bol y pisarlo con un tenedor. Incorporar el tomate, el jugo de limón y el cilantro o perejil.*
3 *Acomodar las tortillas sin encimar en una bandeja para horno y calentar en la barbacoa 3-5 minutos o hasta que estén tibias.*
   Para servir: *Colocar la mantequilla de chile, el guacamole y las tortillas en una fuente para que cada persona pueda untar una tortilla con mantequilla de chile, colocar encima el guacamole, enrollar y comer.*

6 porciones

ingredientes

6 tortillas de maíz

Mantequilla de chile
90 g/3 oz de mantequilla
2 cucharaditas de cáscara de limón finamente rallada
2 cucharaditas de salsa de chile dulce
1 cucharadita de comino molido

Guacamole
1 aguacate, cortado por el medio, sin hueso y pelado
1 tomate, pelado y finamente picado
2 cucharaditas de jugo de limón
1 cucharada de cilantro o perejil fresco finamente picado

nachos
con queso y tocino

Foto en página 15

Preparación

1 *Cocinar el tocino, las cebollas de rabo y los chiles en una sartén antiadherente a fuego medio 4-5 minutos o hasta que estén crocantes. Retirar de la sartén y escurrir sobre papel absorbente.*
2 *Colocar los nachos en una fuente refractaria baja y cubrir con la mezcla de tocino y con el queso. Hornear 5-8 minutos o hasta que estén calientes y el queso se haya derretido. Servir de inmediato, acompañados con crema agria como mojo.*
   Chiles jalapeños: *Son de color verde intermedio a oscuro y terminan en punta. Su sabor es entre normal y picante; también se consiguen en lata o en frasco.*

4 porciones

ingredientes

6 lonjas de tocino, finamente picadas
6 cebollas de rabo, finamente picadas
4 chiles jalapeños, finamente picados
200 g/6 ½ oz de nachos de paquete
125 g/4 oz de queso sabroso (cheddar maduro), rallado
1 taza/250 g/8 oz de crema agria

bacalao asado con papas

crujientes habitantes del mar

Por sus tiempos de cocción, el pescado

y los mariscos son perfectos para la barbacoa. Esta imaginativa selección de platillos hará que ase regularmente estas criaturas marinas.

pescado entero
en hojas de plátano

Preparación

1 Precalentar la barbacoa a fuego medio. Blanquear la hoja de plátano en agua hirviente 1 minuto, escurrir, secar y reservar.

2 Para preparar el relleno, poner el arroz, los pistachos, los pimientos o tomates secos, las cebollas de rabo, el eneldo, la cáscara de limón y el ajo en un bol y mezclar. Colocar el relleno en la cavidad del pescado y asegurar la abertura con palillos de madera.

3 Ubicar el pescado en el centro de la hoja de plátano, poner encima las rebanadas de lima y las ramitas de eneldo y envolver con la hoja de plátano hasta cerrar por completo. Asegurar con palillos de madera. Como alternativa, envolver el pescado en papel de aluminio.

4 Colocar el pescado en la parrilla y cocinar 7-10 minutos; dar vuelta y cocinar 7-10 minutos más o hasta que la carne se separe al probar con un tenedor.

4 porciones

ingredientes

1 hoja de plátano grande
1 pescado entero grande como corvina o pargo, limpio y con cortes en la piel cada 3 cm/1 $^1/_4$ in
1 lima, rebanada
4 ramitas de eneldo fresco

Relleno de arroz y frutas secas
1 taza/220 g/7 oz de arroz integral, cocido
90 g/3 oz de pistachos, picados
3 cucharadas de pimientos o tomates secos, finamente picados
3 cebollas de rabo, picadas
1 cucharada de eneldo fresco picado
1 cucharadita de cáscara de limón finamente rallada
1 diente de ajo, picado

bacalao
asado con papas

Foto en página 17

Preparación

1 Precalentar la barbacoa a fuego medio. Colocar 1 cucharada de aceite, el jugo de lima y los granos de pimienta negra en un bol y mezclar. Pintar el pescado con la mezcla de aceite y marinar a temperatura ambiente 10 minutos.

2 Pincelar las papas con aceite y condimentar con la sal. Colocar las papas en la parrilla ligeramente aceitada y cocinar 5 minutos de cada lado o hasta que estén tiernas y doradas. Poner las papas a un costado de la barbacoa y mantenerlas calientes.

3 Colocar el pescado en la parrilla ligeramente aceitada y cocinar 3-5 minutos de cada lado o hasta que la carne se separe al probar con un tenedor. Para servir, colocar las papas de un modo atractivo en una fuente y apoyar encima el pescado.

4 porciones

ingredientes

3 cucharadas de aceite de oliva
2 cucharadas de jugo de lima
1 cucharadita de granos de pimienta negra, machacados
4 postas de bacalao
6 papas, rebanadas muy finas
sal marina

langostinos
con chile picante

Preparación

1 Para hacer la marinada, colocar la pimienta negra, la salsa de chile, la salsa de soja, el ajo y el jugo de limón en un bol y mezclar. Agregar los langostinos, revolver hasta cubrir, tapar y dejar marinar 1 hora. Dar vuelta varias veces.

2 Para preparar la crema de mango, colocar la pulpa del mango y la leche de coco en un procesador o licuadora y procesar hasta homogeneizar.

3 Precalentar la barbacoa a fuego medio. Escurrir los langostinos y cocinar en la barbacoa ligeramente aceitada 3-4 minutos o hasta que cambien de color. Servir de inmediato con la crema de mango.

Leche de coco: Puede comprarse en lata, en cartones de larga vida o en polvo al que hay que agregar agua. Una vez abierta, tiene una duración corta y conviene usarla en el día. Se encuentra en las tiendas de alimentos asiáticos y en algunos supermercados; si tiene problemas para conseguirla, puede hacerla fácilmente. Para ello, colocar 500 g/1 lb de coco deshidratado en un bol y agregar 3 tazas/750 ml/1 1/4 pt de agua hirviente. Dejar reposar 30 minutos, luego escurrir, apretando el coco para extraer la mayor cantidad de líquido posible y obtener una leche de coco espesa. El coco puede volver a usarse para hacer una leche más liviana.

6 porciones

ingredientes

1 1/2 kg/3 lb de langostinos crudos, pelados y desvenados, con las colas intactas

Marinada de chile
2 cucharaditas de pimienta negra, partida
2 cucharadas de salsa de chile dulce
1 cucharada de salsa de soja
1 diente de ajo, machacado
1/4 taza/60 ml/2 fl oz de jugo de limón

Crema de mango
1 mango, pelado, sin hueso y cortado en trozos gruesos
3 cucharadas de leche de coco

postas
de salmón con salsa de piña

crujientes
habitantes
del mar

Preparación

1 *Precalentar la barbacoa a fuego medio. Cocinar las postas de salmón en la barbacoa ligeramente aceitada 3-5 minutos de cada lado o hasta que la carne se separe al probar con un tenedor.*

2 *Para preparar la salsa, poner la piña, las cebollas de rabo, el chile, el jugo de limón y la menta en un procesador o licuadora y procesar para combinar. Servir a temperatura ambiente con las postas de salmón.*

Consejo: *Si no consigue piña fresca, use una lata de piña triturada al natural, escurrida.*

Nota: *Esta salsa resulta deliciosa con cualquier pescado o pollo asado.*

4 porciones

ingredientes

4 postas de salmón de 2 ¹/₂ cm/1 in de espesor

Salsa de piña
250 g/8 oz de piña fresca, en trozos grandes
2 cebollas de rabo, finamente picadas
1 chile rojo fresco, sin semillas y finamente picado
1 cucharada de jugo de limón
2 cucharadas de menta fresca finamente picada

ensalada
de calamar y ostiones

Preparación

1 Para hacer el aliño, poner el jengibre, el romero, el ajo, el aceite, el jugo de lima y el vinagre en un frasco con tapa a rosca y sacudir bien para mezclar. Reservar.

2 Precalentar la barbacoa a fuego fuerte. Colocar las mitades de pimiento rojo y amarillo o verde en la parrilla ligeramente aceitada, con la piel hacia abajo, y cocinar 5-10 minutos o hasta que la piel está ampollada y chamuscada. Colocar los pimientos en una bolsa plástica o de papel para alimentos y dejar enfriar lo suficiente para manipular. Quitar la piel y cortar la pulpa en tiras delgadas.

3 Cortar los tubos de calamar a lo largo y aplanarlos. Con un cuchillo afilado, hacer cortes paralelos a lo largo, con cuidado de no atravesar la carne. Hacer otros cortes en la dirección opuesta para formar un diseño romboidal. Cortar en cuadrados de 5 cm/2 in.

4 Colocar el calamar y los ostiones en la plancha de la barbacoa ligeramente aceitada y cocinar, dando vuelta varias veces, 3 minutos o hasta que estén tiernos. Dejar enfriar un poco.

5 Combinar los pimientos, los espárragos, la cebolla y el cilantro. Cubrir una fuente con rúcula o berro; colocar encima las verduras, el calamar y los ostiones. Rociar con el aliño y servir.

4 porciones

ingredientes

1 pimiento rojo, sin semillas y cortado por el medio
1 pimiento amarillo o verde, sin semillas y cortado por el medio
2 tubos de calamar
250 g/8 oz de ostiones, sin el coral
250 g/8 oz de espárragos, cortados en trozos de 5 cm/2 in, blanqueados
1 cebolla colorada, rebanada
3 cucharadas de hojas de cilantro fresco
1 atado de rúcula o berro

Aliño de hierbas y vinagre balsámico
1 cucharada de jengibre fresco finamente rallado
1 cucharada de romero fresco picado
1 diente de ajo, machacado
1/4 taza/60 ml/2 fl oz de aceite de oliva
2 cucharadas de jugo de lima
1 cucharada de vinagre balsámico o de vino tinto

trucha
ahumada en casa

Preparación

1 Colocar los chips para ahumar y el vino en una fuente de metal no reactiva y dejar 1 hora.

2 Precalentar la barbacoa tapada a fuego bajo. Ubicar la fuente con los chips sobre las brasas calientes, tapar la barbacoa y calentar 5-10 minutos o hasta que el líquido esté caliente.

3 Colocar la trucha en una rejilla de alambre sobre un trasto para horno. Pincelar la trucha ligeramente con aceite, luego cubrir con las cebollas, el limón y el eneldo. Disponer el trasto para horno con la trucha en la barbacoa. Tapar la barbacoa y ahumar 15-20 minutos o hasta que la carne se separe al probar con un tenedor.

Nota: Esta receta también puede hacerse en un ahumador.

4 porciones

ingredientes

1 taza/125 g/4 oz de chips para ahumar
1/2 taza/125 nl/4 fl oz de vino blanco
4 truchas arcoiris pequeñas, limpias, con la cabeza y la cola intactas
1 cucharada de aceite
3 cebollas coloradas, rebanadas finas
1 limón, rebanado fino
8 ramitas de eneldo

pinchos
de salmón

Preparación

1 Precalentar la barbacoa a fuego medio. Insertar el salmón y los comelotodos, en forma alternada, en los pinchos ligeramente aceitados.

2 Colocar la mostaza, el tomillo, el comino, el jugo de limón y la miel en un bol y mezclar. Pincelar el salmón con la mezcla anterior y cocinar en la parrilla ligeramente aceitada 2-3 minutos de cada lado o hasta que esté apenas cocido.

Nota: Controle todo el tiempo la barbacoa encendida y mantenga a los niños y a los animales lejos de ella.

4 porciones

ingredientes

500 g/1 lb de filetes de salmón, en cuadrados de 2 ¹/₂ cm/1 in
250 g/8 oz de comelotodos, despuntados
1 cucharada de mostaza en grano
2 cucharaditas de tomillo alimonado o tomillo fresco picado
¹/₂ cucharadita de comino molido
2 cucharadas de jugo de limón
2 cucharaditas de miel

burgers
de ajonjolí y langostinos

Foto en página 25

Preparación

1 *Precalentar la barbacoa a fuego medio. Colocar los langostinos, la carne de cangrejo, las cebollas de rabo, la albahaca, el chile, el comino, la páprika y la clara en un procesador y procesar hasta que estén bien mezclados. Tomar 4 cucharadas de la mezcla, dar forma de burger y pasar por las semillas de ajonjolí para cubrir. Repetir con el resto de la mezcla hasta hacer 6 burgers.*

2 *Calentar aceite en la plancha de la barbacoa 2-3 minutos o hasta que esté caliente, agregar los burgers y cocinar 10 minutos de cada lado o hasta que estén dorados y cocidos.*

Nota: *Si no consigue carne de cangrejo fresca, puede usar cangrejo en lata, escurrido. Estos burgers de pescado son deliciosos con una salsa de chile dulce para mojar; se consiguen en tiendas de comida oriental y en algunos supermercados.*

6 porciones

ingredientes

315 g/10 oz de langostinos crudos, pelados y desvenados
250 g/8 oz de carne de cangrejo
3 cebollas de rabo, picadas
2 cucharadas de albahaca fresca finamente picada
1 chile rojo fresco, finamente picado
1 cucharadita de comino molido
1 cucharadita de páprika
1 clara
155 g/5 oz de semillas de ajonjolí
1 cucharada de aceite

langostinos
con hierba limón

Foto en página 25

Preparación

1 *Lavar los langostinos, dejando la cáscara y las colas intactas, y colocarlos en una fuente baja de cerámica o vidrio.*

2 *Colocar la hierba limón, las cebollas de rabo, los chiles, el ajo, el jengibre y la pasta de langostinos en un procesador o licuadora y procesar hasta homogeneizar. Agregar el azúcar y la leche de coco y procesar para combinar. Colocar la mezcla sobre los langostinos, revolver, tapar y marinar en el refrigerador 3-4 horas.*

3 *Precalentar la barbacoa a fuego fuerte. Escurrir los langostinos, colocarlos en la barbacoa y cocinar, dando vuelta varias veces, 5 minutos o hasta que cambien de color. Servir.*

Nota: *La hierba limón fresca y la pasta de langostinos se consiguen en tiendas de comida oriental y en algunos supermercados. La hierba limón también puede comprarse seca; si se usa seca, hay que remojarla en agua caliente 20 minutos o hasta que esté blanda.*

4 porciones

ingredientes

1 kg/2 lb de langostinos medianos crudos
3 tallos de hierba limón fresca, finamente picados
2 cebollas de rabo, picadas
2 chiles rojos pequeños, frescos, finamente picados
2 dientes de ajo, machacados
2 cucharadas de jengibre fresco finamente rallado
1 cucharadita de pasta de langostinos
1 cucharada de azúcar morena
1/2 taza/125 ml/4 fl oz de leche de coco

filetes
de atún tiznados

Preparación

1 *Precalentar la barbacoa a fuego fuerte. Para hacer la salsa, colocar los tomates, el hinojo, la cebolla, las alcaparras, la menta, el ajo, el jugo de limón y el jugo de naranja en un bol y mezclar. Reservar hasta el momento de servir.*

2 *Para hacer la mezcla de especias, colocar la páprika, el ajo molido, la cebolla en polvo, los granos de pimienta negra, las hierbas y la pimienta de Cayena en un bol y combinar. Agregar el atún, mezclar hasta cubrir y sacudir el exceso.*

3 *Calentar aceite en la plancha de la barbacoa 2-3 minutos o hasta que esté caliente, poner el atún y cocinar 3-4 minutos de cada lado o hasta que esté oscuro y cocido a gusto. Servir de inmediato con la salsa.*

Nota: *Si no consigue atún, el pez espada o el salmón son deliciosas alternativas. El ajo seco molido se encuentra en la sección de especias de los supermercados. Tiene un gusto y un aroma picantes y debe usarse con cuidado.*

4 porciones

ingredientes

4 filetes gruesos de atún
2 cucharadas de aceite de oliva

Mezcla de especias Cajun
2 cucharadas de páprika dulce
1 cucharada de ajo seco, molido
1 cucharada de cebolla en polvo
2 cucharaditas de granos de pimienta negra, machacados
2 cucharaditas de hierbas secas surtidas
1 cucharadita de pimienta de Cayena

Salsa de hinojo y tomate
4 tomates italianos, picados
1 bulbo de hinojo, finamente picado
1 cebolla colorada, finamente picada
2 cucharadas de alcaparras
1 cucharada de menta fresca picada
1 diente de ajo, machacado
1 cucharada de jugo de limón
1 cucharada de jugo de naranja

ostras
y mejillones en sus valvas

Preparación

1 Precalentar la barbacoa a fuego fuerte. Colocar los mejillones y las ostras en la barbacoa y cocinar 3-5 minutos o hasta que los mejillones se abran y las ostras estén tibias. Desechar los mejillones que no se hayan abierto después de 5 minutos de cocción.

2 Poner la mantequilla, el perejil, el jugo de limón, el jugo de naranja y el vino en una sartén de base pesada, colocar sobre la barbacoa y cocinar, revolviendo, 2 minutos o hasta que la mezcla burbujee. Colocar los mejillones y las ostras en una fuente para servir, rociar con la mezcla de mantequilla y servir de inmediato.

Nota: Los mejillones viven fuera del agua hasta 7 días si se los trata correctamente. Para mantenerlos vivos, colóquelos en un cubo, cúbralos con una toalla húmeda y disponga encima hielo. Guarde en un lugar fresco y, a medida que se derrita el hielo, escurra el agua y reponga el hielo. Es importante que los mejillones no queden sumergidos en el agua porque se ahogarían.

6 porciones

ingredientes

500 g/1 lb de mejillones, raspados y sin las barbas
24 ostras, en mitades de valvas
60 g/2 oz de mantequilla, ablandada
1 cucharada de perejil fresco picado
2 cucharadas de jugo de limón
1 cucharada de jugo de naranja
1 cucharada de vino blanco

pinchos de pollo y cranberry

aves
perfectas

Esta espléndida selección de recetas

con pollo, pato y codorniz va a convertirse seguramente en su preferida. Se incluyen platos tan tentadores como pinchos de pollo y cranberry, ensalada de pato y ciruela y pavo ahumado festivo.

pinchos
de pollo y cranberry

Foto en página 29

Preparación

1 Colocar la carne de pollo molida, el pan seco molido, la cebolla, el ajo, la salvia, las especias, el huevo y la salsa Tabasco en un bol y mezclar.
2 Dar a la mezcla de pollo forma de albóndigas alargadas de 7 1/2 cm/3 in, alrededor de pinchos ligeramente aceitados. Acomodar los pinchos en una fuente, tapar y refrigerar 2 horas.
3 Precalentar la barbacoa a fuego medio. Colocar los pinchos en la parrilla ligeramente aceitada y cocinar, dando vuelta varias veces, 5-10 minutos o hasta que estén cocidos. Rociar con salsa de cranberry y servir de inmediato.

Nota: No tenga la barbacoa demasiado cerca de la casa, y barra las hojas secas o cualquier cosa que pueda provocar fuego con una chispa.

6 porciones

ingredientes

750 g/1 1/2 lb de carne de pollo molida
1/2 taza/30 g/1 oz de pan seco molido
1 cebolla, en cubos
2 dientes de ajo, machacados
2 cucharadas de salvia fresca picada o
1 cucharadita de salvia seca
1 cucharadita de especias molidas surtidas
1 huevo, ligeramente batido
1/4 cucharadita de salsa Tabasco, o a gusto
1/2 taza/125 ml/4 fl oz de salsa de cranberry, tibia

hígados
de pollo a la oriental

Preparación

1 Para hacer la marinada, colocar el azúcar y el agua en un bol y mezclar para disolver el azúcar. Añadir la salsa de soja, la salsa de ostras, el polvo de cinco especias, el ajo y combinar. Agregar los hígados de pollo, tapar y marinar en el refrigerador 3 horas.
2 Precalentar la barbacoa a fuego fuerte. Escurrir bien los hígados. Colocar un trozo de hígado y una mitad de castaña de agua sobre cada trozo de tocino y envolver. Sujetar con un palillo de madera. Poner en la parrilla ligeramente aceitada y cocinar, dando vuelta varias veces, 6-8 minutos o hasta que el tocino esté crocante y los hígados apenas cocidos.

Nota: Cuando pincele la parrilla con aceite, acuérdese de usar un pincel que soporte el calor; si usa uno con cerdas de nailon, éstas se derretirán.

16 unidades

ingredientes

125 g/4 oz de hígados de pollo, desgrasados, cortados en 16 trozos
8 castañas de agua, en mitades
8 lonjas de tocino, sin la piel y cortadas por el medio

Marinada oriental
1 cucharadita de azúcar morena
1 cucharada de agua caliente
2 cucharadas de salsa de soja
1 cucharada de salsa de ostras
1/2 cucharadita de polvo de cinco especias
2 dientes de ajo, machacados

patitas
con miel y chile

Preparación

1 *Para hacer la marinada, colocar el jugo de limón, la miel, el ajo y el chile en polvo en un bol y combinar.*

2 *Poner las patitas en una fuente baja de vidrio o cerámica, verter encima la marinada y revolver hasta cubrir. Tapar y marinar en el refrigerador al menos 2 horas, o durante toda la noche, dando vuelta varias veces.*

3 *Precalentar la barbacoa a fuego medio. Escurrir las patitas y reservar la marinada. Cocinar las patitas en la barbacoa ligeramente aceitada, pincelando frecuentemente con la marinada, 10-15 minutos o hasta que estén tiernas.*

10 porciones

ingredientes

10 patitas de pollo

Marinada de miel y chile
¹/₂ taza/125 ml/4 fl oz de jugo de limón
¹/₂ taza/170 g/ 5 ¹/₂ oz de miel
1 diente de ajo, machacado
una pizca de chile en polvo

pollitos
caribeños

Preparación

1 Para hacer la marinada, poner el ron, la cáscara de lima, el jugo de lima, la miel, el ajo y el jengibre en un bol y combinar. Colocar las mitades de pollito en una fuente baja de vidrio o cerámica y frotar con la marinada. Tapar y dejar marinar 1 hora.

2 Precalentar la barbacoa a fuego medio. Insertar un pincho a través del ala y la pata de cada mitad de pollito y pincelar con el resto de la marinada. Combinar la pimienta negra y el coriandro y presionar sobre la piel de las aves. Cocinar en la parrilla ligeramente aceitada, dando vuelta con frecuencia, 15-20 minutos o hasta que las aves estén cocidas por completo.

Consejo: Este es también un modo delicioso de preparar y cocinar presas de pollo. En lugar de los pollitos en mitades, use simplemente presas y prepare y marine según esta receta; el tiempo de cocción para las presas será aproximadamente el mismo. Debe cocinarlas hasta que el jugo salga claro.

6 porciones

ingredientes

3 pollitos, en mitades
2 cucharadas de pimienta negra, partida
1 cucharadita de coriandro molido

Marinada de lima
3 cucharadas de ron blanco
2 cucharaditas de cáscara de lima finamente rallada
1 cucharada de jugo de lima
2 cucharadas de miel
2 dientes de ajo, machacados
1 cucharadita de jengibre fresco rallado

pollo
cajun con salsa de lima

Preparación

1 Precalentar la barbacoa a fuego fuerte.

2 Para hacer la mezcla de especias, colocar el ajo, la páprika, el orégano, el tomillo, la sal y la pimienta negra en un bol y combinar. Agregar el pollo y mezclar hasta cubrir. Sacudir el exceso de especias. Cocinar en la plancha de la barbacoa ligeramente aceitada, dando vuelta con frecuencia, 5-7 minutos o hasta que el pollo esté tierno.

3 Para preparar la salsa, poner el yogur, el jugo, la cáscara y el licor de lima en un bol y combinar. Servir con el pollo.

Nota: Para una presentación atractiva, coloque un bol con el mojo en el centro de una fuente para servir, rodéelo con el pollo y decore con gajos de lima.

6 porciones

ingredientes

4 pechugas de pollo deshuesadas, en tiras de 2 cm/³/₄ in de ancho

Mezcla de especias Cajun
5 dientes de ajo, machacados
4 cucharadas de páprika
2 cucharadas de orégano seco
2 cucharadas de tomillo seco
2 cucharaditas de sal
2 cucharaditas de pimienta negra recién molida

Mojo de lima
1 ¹/₂ taza/315 g/10 oz de yogur natural
2 cucharadas de jugo fresco de lima
1 cucharada de cáscara de lima finamente rallada
1 cucharadita de licor de lima

patitas
con lima y chile

Foto en página 35

ingredientes

$^1/_4$ **taza/60 ml/2 fl oz de jugo de lima**
$^1/_4$ **taza/60 ml/2 fl oz de buttermilk**
2 cucharadas de salsa de chile dulce
2 cucharadas de salsa de soja
12 patitas de pollo, sin piel

Preparación

1 Colocar el jugo de lima, la buttermilk, la salsa de chile y la salsa de soja en una fuente baja de vidrio o cerámica y mezclar. Hacer cortes en varios lugares de cada patita, agregarlas a la mezcla de jugo de lima, dar vuelta hasta cubrir, tapar y marinar en el refrigerador 3 horas.

2 Precalentar la barbacoa a fuego medio. Escurrir bien el pollo y reservar la marinada. Colocar el pollo en la barbacoa ligeramente aceitada y cocinar, humedeciendo con la marinada y dando vuelta cada tanto, 25 minutos o hasta que el pollo esté cocido.

Nota: La buttermilk, que tiene un valor nutricional similar al de la leche descremada, es de sabor cremoso, ligeramente ácido y consistencia espesa. Puede usarse en su lugar una mezcla de 2 cucharadas de yogur natural bajo en grasas y 1 cucharada de leche descremada.

6 porciones

pollo
con chile búfalo

Foto en página 35

ingredientes

1 kg/2 lb de presas de pollo, sin piel
3 cebollas de rabo, picadas
2 dientes de ajo, machacados
1 taza/250 ml/8 fl oz de salsa de tomate
$^1/_4$ **taza/60 ml/2 fl oz de cerveza**
1 cucharada de vinagre de sidra
1 cucharada de miel
1 cucharada de salsa Tabasco, o a gusto

Preparación

1 Hacer cortes cada 2 cm/$^3/_4$ in en las presas grandes de pollo y reservar.

2 Colocar las cebollas de rabo, el ajo, la salsa de tomate, la cerveza, el vinagre, la miel y la salsa Tabasco en un fuente baja de vidrio o cerámica y combinar. Agregar el pollo, mezclar hasta cubrir, tapar y marinar en el refrigerador 3-4 horas.

3 Precalentar la barbacoa a fuego medio. Escurrir el pollo y reservar la marinada. Poner el pollo en la parrilla ligeramente aceitada y cocinar, humedeciendo con frecuencia con la marinada y dando vuelta varias veces, 10-15 minutos o hasta que esté tierno y bien cocido.

Nota: Coloque en la barbacoa las presas de pollo más grandes, que tardan más (como las patitas y los muslos), y cocine 5 minutos antes de agregar las pequeñas, que se hacen más rápido (como las alas y la pechuga).

4 porciones

pollo
con relleno cremoso de pesto

Preparación

1. Para hacer el relleno, poner las hojas de albahaca, los piñones y el queso parmesano en un procesador y procesar hasta que estén bien picados. Incorporar la mezcla al queso crema.
2. Cortar cada pollo por la espina dorsal. Retirar las dos mitades de hueso, dar vuelta el pollo y presionar para aplanar.
3. Con los dedos o el mango de una cuchara de madera, soltar la piel de la pechuga, los muslos y las patas. Meter el relleno debajo de la piel y luego insertar pinchos en las alas y las patas.
4. Precalentar la barbacoa a fuego medio. Cocinar el pollo en la barbacoa ligeramente aceitada 15-20 minutos de cada lado o hasta que el pollo esté bien cocido.

Nota: Para probar si el pollo está listo, pinche la parte más gruesa junto a la articulación del muslo; si el jugo sale claro, el ave está cocida.

10 porciones

ingredientes

3 pollos de 1 ¹/₂ kg/3 lb

Relleno cremoso de pesto
90 g/3 oz de hojas de albahaca
60 g/2 oz de piñones
¹/₂ taza/60 g/2 oz de queso parmesano finamente rallado
250 g/8 oz de queso crema, ablandado

pollo
encubierto

Preparación

1 Precalentar la barbacoa tapada a fuego medio. Lavar el pollo por dentro y por fuera y secarlo con papel absorbente.

2 Colocar la mantequilla, el ajo, el cebollín y el perejil en un bol y combinar. Con los dedos, soltar la piel de la pechuga del pollo. Introducir la mezcla de mantequilla debajo de la piel y emparejar. Poner el pollo en una rejilla de alambre sobre un trasto para horno y pincelar con aceite. Colocar el prosciutto o el jamón sobre la pechuga del pollo en un diseño de zigzag y asegurar con palillos de madera. Verter el vino sobre el pollo.

3 Colocar el trasto para horno en la barbacoa, tapar la barbacoa y cocinar 1 ¹/₂ hora o hasta que el pollo esté tierno. Tapar y dejar reposar 10 minutos antes de cortar.

Nota: No toque carne o pollo cocido y crudo al mismo tiempo. Esto favorece el traspaso de bacterias de los alimentos crudos a los cocidos. Siempre asegúrese de tener una bandeja o fuente limpia para colocar la comida asada; no la ponga en la misma fuente que usó para los alimentos crudos, a menos que la haya lavado bien.

6 porciones

ingredientes

1 ¹/₂ kg/3 lb de pollo, limpio
125 g/4 oz de mantequilla, ablandada
1 diente de ajo, machacado
2 cucharadas de cebollín fresco tijereteado
2 cucharadas de perejil fresco picado
1 cucharada de aceite de oliva
8 lonjas de prosciutto o jamón magro
1 taza/250 ml/8 fl oz de vino blanco

pinchos
tikka

Preparación

1 Pinchar las tiras de pollo varias veces con un tenedor y colocar en una fuente baja de vidrio o cerámica.

2 Para hacer la marinada, poner la cebolla, el ajo, el jengibre, el comino, el garam masala, el cardamomo, la cúrcuma, el chile en polvo, el coriandro y el extracto de tomate en un procesador o licuadora y procesar hasta homogeneizar. Agregar el yogur y mezclar. Colocar la marinada sobre el pollo, mezclar, tapar y marinar en el refrigerador 3 horas.

3 Precalentar la barbacoa a fuego medio. Escurrir el pollo e insertar en pinchos ligeramente aceitados. Colocar los pinchos en la parrilla ligeramente aceitada y cocinar, dando vuelta varias veces, 5-6 minutos o hasta que el pollo esté cocido.

4 Para hacer el raita, colocar el pepino, la menta y el yogur en un bol y mezclar. Servir los pinchos con gajos de limón y raita.

6 porciones

ingredientes

750 g/1 1/2 lb de pechugas de pollo deshuesadas, en tiras de 2 cm/³/₄ in de ancho
1 limón, en gajos

Marinada de yogur y especias
1 cebolla, picada
4 dientes de ajo, machacados
2 cucharaditas de jengibre fresco finamente rallado
1 cucharada de comino molido
1 cucharada de garam masala
3 vainas de cardamomo, machacadas
1 cucharadita de cúrcuma molida
2 cucharadita de chile en polvo
2 cucharaditas de coriandro molido
1 cucharada de extracto de tomate
1 ³/₄ taza/350 g/11 oz de yogur natural

Raita de pepino
1 pepino, finamente picado
1 cucharada de menta fresca picada
1 taza/200 g/6 ¹/₂ oz de yogur natural

codornices
aromáticas a la naranja

Preparación

1 Para hacer la marinada, colocar las hierbas, la mostaza, la cáscara de naranja, el ajo, la sidra, el jugo de naranja, el coñac y el aceite en una fuente baja de vidrio o cerámica y mezclar. Agregar las codornices, dar vuelta hasta cubrir, tapar y marinar en el refrigerador 2 horas.

2 Precalentar la barbacoa a fuego medio. Escurrir las codornices, colocarlas en la parrilla ligeramente aceitada con la piel hacia arriba y cocinar, dando vuelta cada tanto, 10 minutos o hasta que estén tiernas.

3 Para el cuscús, poner el cuscús en un bol, verter el agua hirviente, tapar y dejar reposar 10 minutos o hasta que el agua se haya absorbido. Revolver con un tenedor, agregar las sultanas, las avellanas, las cebollas de rabo y el jugo de limón y mezclar. Para servir, cubrir una fuente grande con el cuscús y luego colocar de un modo atractivo las codornices encima.

Nota: El cuscús es un pasta hecha de trigo durum, que se cocina y se usa del mismo modo que un cereal. El nombre "cuscús" se refiere tanto al producto crudo como al platillo cocido. Es una excelente fuente de tiamina y hierro, así como de proteínas y niacina.

4 porciones

ingredientes

6 codornices, en mitades

Marinada de coñac y naranja
6 cucharadas de hierbas frescas surtidas, picadas
2 cucharadas de mostaza Dijon
1 cucharada de cáscara de naranja finamente rallada
2 dientes de ajo, machacados
$^1/_2$ taza/125 ml/ 4 fl oz de sidra
$^1/_2$ taza/125 ml/4 fl oz de jugo de naranja
$^1/_4$ taza/60 ml/2 fl oz de coñac
1 cucharada de aceite de nuez

Cuscús con frutas secas
1 taza/185 g/6 oz de cuscús
2 tazas/500 ml/16 fl oz de agua hirviente
90 g/3 oz de pasas de uva sultanas
60 g/2 oz de avellanas, tostadas y picadas
2 cebollas de rabo, picadas
1 cucharada de jugo de limón

pollo
a las brasas

Foto en página 41

ingredientes

1 ¹/₂ kg/3 lb de pollo
60 g/2 oz de mantequilla, derretida
2 cucharadas de salsa de soja
1 cucharada de miel
2 estrellas de anís
1 rama de canela

Preparación

1 Calentar la barbacoa hasta que las llamas bajen y las brasas estén incandescentes. La barbacoa estará lista cuando se pueda mantener la mano a 10 cm/4 in de las brasas durante 4-5 segundos.

2 Cortar el pollo por la espina dorsal y presionar para aplanar. Colocar la mantequilla, la salsa de soja y la miel en un bol y mezclar. Pincelar el pollo con la mezcla de mantequilla y apoyarlo sobre un papel antiadherente para horno, lo suficientemente grande como para cubrir el pollo por completo. Colocar sobre el pollo el anís y la canela y envolver con el papel. Luego envolver el paquete con dos láminas de papel de aluminio.

3 Poner el pollo sobre las brasas y cocinar, dando vuelta varias veces, 45-60 minutos o hasta que esté cocido y tierno.

Nota: En esta receta, el pollo se cocina directamente sobre las brasas de la barbacoa, por eso es importante que el fuego no esté demasiado alto. Si usa madera, el fuego debe arder con un brillo rojo. Si usa carbón o briquetas, las brasas deben estar incandescentes y parcialmente cubiertas de ceniza gris. El carbón tarda 15-20 minutos en alcanzar ese estado, las briquetas 30-40 minutos y la madera 1 hora o más, según la variedad que se emplee.

4 porciones

kebabs
indias con yogur

Foto en página 41

ingredientes

6 filetes de muslo de pollo, en mitades

Marinada de yogur
1 cucharada de cilantro fresco picado
2 cucharaditas de jengibre fresco finamente rallado
1 diente de ajo, machacado
2 cucharaditas de páprika
1 cucharadita de comino molido
¹/₂ cucharadita de cúrcuma molida
¹/₂ cucharadita de chile en polvo
¹/₂ cucharadita de canela molida
1 taza/200 g/6 ¹/₂ oz yogur natural
2 cucharadas de jugo de limón

Preparación

1 Para hacer la marinada, colocar el cilantro, el jengibre, el ajo, la páprika, el comino, la cúrcuma, el chile en polvo, la canela, el yogur y el jugo de limón en una fuente baja de vidrio o cerámica y mezclar bien. Agregar el pollo, dar vuelta hasta cubrir y marinar a temperatura ambiente 30 minutos.

2 Precalentar la barbacoa a fuego medio. Escurrir el pollo e insertar 3 trozos en un pincho ligeramente aceitado. Repetir con el resto de pollo hasta formar 4 kebabs. Colocar las kebabs en la parrilla ligeramente aceitada y cocinar 4-5 minutos de cada lado o hasta que el pollo esté cocido y tierno.

Nota: Si no consigue filetes de muslo de pollo, puede usar pechuga. Necesitará 3 pechugas deshuesadas, cada una cortada en 4 trozos.

4 porciones

pavo
ahumado festivo

Preparación

1 Remojar 1 hora los chips para ahumar en coñac, en una fuente de metal no reactiva.

2 Para hacer el relleno, derretir la mantequilla en una sartén a fuego medio, agregar el puerro y las cebollas de rabo y cocinar, revolviendo, 3 minutos. Agregar el tocino y cocinar 5 minutos más. Añadir el pan molido, las nueces pacanas y la salvia y cocinar, revolviendo, 5 minutos o hasta que el pan esté crocante. Retirar del fuego, agregar el arroz y mezclar.

3 Precalentar la barbacoa tapada a fuego medio. Colocar la fuente con los chips sobre las brasas, tapar la barbacoa y calentar 5-10 minutos o hasta que el líquido esté caliente.

4 Poner el relleno dentro de la cavidad del pavo. Cerrar las aberturas con pinchos de metal o de bambú. Sujetar las alas debajo del cuerpo y las patas juntas. Colocar el pavo en una rejilla de alambre sobre un trasto para horno. Mezclar el caldo y el aceite y pincelar el pavo.

5 Colocar el trasto para horno con el pavo sobre la barbacoa, tapar y ahumar, humedeciendo frecuentemente, 2 1/2 /3 horas o hasta que el pavo esté cocido.

Nota: Las bandejas descartables de aluminio que se consiguen en el supermercado son ideales para poner los chips para ahumar. La cantidad de chips determinará el sabor final de la comida ahumada. Como guía, siga las instrucciones del fabricante, pero no tema experimentar.

8 porciones

ingredientes

1 taza/125 g/4 oz de chips para ahumar
1/2 taza/125 ml/ 4 fl oz de coñac
1 pavo de 3 kg/6 lb, sin el cuello ni las vísceras, desgrasado
1/2 taza/125 ml/4 fl oz de caldo de pollo
2 cucharadas de aceite

Relleno de salvia y arroz
60 g/2 oz de mantequilla
1 puerro, rebanado fino
4 cebollas de rabo, picadas
3 lonjas de tocino, picadas
1 taza/60 g/2 oz de pan seco molido
60 g/2 oz de nueces pacanas, picadas
2 cucharadas de salvia fresca picada o
1 cucharadita de salvia seca
1 1/2 taza/280 g/9 oz de arroz, cocido

ensalada
de pato y ciruela

Preparación

1 Para hacer la marinada, colocar el jengibre, la mostaza, el ajo, la salsa de ciruela, el vinagre y el aceite en una fuente baja de vidrio o cerámica y mezclar. Agregar el pato y las cebollas, dar vuelta hasta cubrir, tapar y marinar en el refrigerador 4 horas.

2 Precalentar la barbacoa a fuego medio. Escurrir bien el pato y las cebollas y reservar la marinada. Colocar el pato y las cebollas en la plancha de la barbacoa ligeramente aceitada y cocinar, humedeciendo con frecuencia con la marinada y dando vuelta cada tanto, 10 minutos o hasta que el pato esté tierno. Dejar enfriar un poco, luego cortar el pato en tiras finas.

3 Cubrir una fuente con lechuga y comelotodos, poner encima el pato, las cebollas, el queso camembert, las frambuesas y las almendras y mezclar suavemente.

4 Para hacer el aliño, colocar el jugo de naranja, el aceite, el vinagre y la mostaza en un bol y batir para combinar. Echar el aliño sobre la ensalada y servir de inmediato.

Nota: La lechuga mizuna tiene una larga hoja aserrada y es una buena base para esta ensalada. Si no la consigue, cualquier lechuga de hoja blanda es una posible alternativa.

6 porciones

ingredientes

3 pechugas de pato, sin piel
2 cebollas, rebanadas finas
1 lechuga mizuna (japonesa), las hojas separadas
185 g/6 oz de comelotodos, en tiras finas
185 g/6 oz de queso camembert, rebanado
185 g/6 oz de frambuesas
60 g/2 oz de almendras crudas, tostadas

Marinada de mostaza
1 cucharada de jengibre fresco rallado
1 cucharada de mostaza en grano
1 diente de ajo, machacado
1/4 taza/60 ml/2 fl oz de salsa de ciruela
1 cucharada de vinagre de frambuesa o de vino blanco
1 cucharada de aceite

Aliño de naranja
1/4 taza/60 ml/2 fl oz de jugo de naranja
2 cucharadas de aceite
1 cucharada de vinagre de frambuesa
1 cucharada de mostaza Dijon

cordero tailandés con ensalada de fideos

carnes
a punto

Aquí encontrará nuevas formas de

preparar sus cortes de carne favoritos. ¿Por qué no
probar en su próxima barbacoa una pata de cordero
marinada o unos bistecs con especias Cajun?

cordero
tailandés con ensalada de fideos

Foto en página 45

Preparación

1 Combinar la hierba limón, el ajo, el jugo de lima, el aceite, la salsa de chile y la salsa de pescado en una fuente de vidrio o cerámica y mezclar. Agregar el cordero, dar vuelta hasta cubrir, tapar y marinar en el refrigerador 3 horas.

2 Precalentar la barbacoa a fuego medio. Para hacer la ensalada, preparar los fideos de acuerdo con las instrucciones del paquete. Escurrir y colocar en un bol. Añadir las cebollas de rabo, el pimiento rojo, los brotes de soja y el cilantro y mezclar. Reservar.

3 Para hacer el aliño, colocar el jugo de lima, la salsa de pescado, la miel y el chile en polvo en un frasco con tapa a rosca y sacudir bien para combinar. Reservar.

4 Escurrir el cordero y cocinar en la barbacoa ligeramente aceitada, dando vuelta varias veces, 5-10 minutos o hasta que esté cocido a gusto. Cortar al sesgo en tajadas de 2 cm/^{3}/$_4$ in de espesor.

5 Para servir, colocar la ensalada en una fuente, acomodar el cordero encima de un modo atractivo y rociar con el aliño. Servir de inmediato.

Nota: Los fideos de arroz, también llamados vermicelli de arroz o varas de arroz, varían en tamaño desde los finos estilo vermicelli hasta las cintas de unos 5 mm/^{1}/$_4$ in de ancho. Hechos de harina de arroz, estos fideos deben remojarse antes de ser usados; los más finos requieren unos 10 minutos, mientras que los anchos demoran unos 30 minutos.

6 porciones

ingredientes

1 tallo de hierba limón fresca picada o ^{1}/$_2$ cucharadita de hierba limón seca, remojada en agua caliente hasta ablandar
2 dientes de ajo, machacados
^{1}/$_4$ taza/60 ml/2 fl oz de jugo de lima
2 cucharadas de aceite
2 cucharadas de salsa chile dulce
1 cucharada de salsa de pescado
750 g/1 ^{1}/$_2$ lb de lomo de cordero, desgrasado y sin tendones

Ensalada de fideos de arroz
155 g/5 oz de fideos de arroz
6 cebollas de rabo, picadas
1 pimiento rojo, picado
60 g/2 oz de brotes de soja
3 cucharadas de hojas de cilantro fresco

Aliño de lima y chile
^{1}/$_4$ taza/60 ml/2 fl oz de jugo de lima
1 cucharada de salsa de pescado
1 cucharada de miel
una pizca de chile en polvo, o a gusto

cordero
con cebollas a la miel

Preparación

1 Para hacer la marinada, colocar la menta, el ajo, el yogur, la mostaza y la salsa de menta en una fuente baja de vidrio o cerámica y mezclar. Agregar el cordero, dar vuelta hasta cubrir, tapar y marinar en el refrigerador 3 horas.

2 Precalentar la barbacoa a fuego medio. Para las cebollas a la miel, calentar aceite en la plancha de la barbacoa, añadir las cebollas y cocinar, revolviendo constantemente, 10 minutos. Agregar la miel y el vinagre y cocinar, revolviendo, 5 minutos más o hasta que las cebollas estén bien blandas y doradas.

3 Escurrir el cordero, colocarlo en la barbacoa ligeramente aceitada y cocinar 2-3 minutos de cada lado o hasta que esté cocido a gusto. Servir con las cebollas.

Nota: Antes de encender una barbacoa a gas, controle que todos los quemadores y las conexiones estén ajustados y funcionen correctamente.

6 porciones

ingredientes

12 chuletas de cordero, desgrasadas

Marinada de yogur
1 cucharada de menta fresca picada
1 diente de ajo, machacado
1 taza/200 g/6 ¹/₂ oz de yogur natural
2 cucharadas de mostaza en grano
1 cucharada de salsa de menta preparada

Cebollas a la miel
2 cucharadas de aceite de oliva
2 cebollas coloradas, rebanadas
1 cucharada de miel
2 cucharadas de vinagre de vino tinto

brochetas
adobadas

Preparación

1 *En un bol mezclar los ingredientes de la marinada. Incorporar la carne y el pollo, remover para que se impregnen y marinar 2 horas.*

2 *Insertar en pinchos, en forma alternada, la carne, las cebollas, el pollo y los pimientos.*

3 *Cocinar las brochetas sobre una parrilla o una plancha bien caliente 5 minutos de cada lado.*

4 porciones

ingredientes

370 g/12 oz de carne de ternera, en cubos
250 g/8 oz de pechugas de pollo deshuesadas, en cubos
2 cebollas coloradas, en cuartos
2 pimientos rojos, en cuadrados

Marinada
1 cucharadita. de salsa Tabasco
2 cucharadas de salsa de soja
2 cucharadas de aceite de girasol
1 cucharada de aceite de ajonjolí
1 cucharada de miel
sal a gusto

sándwiches
de carne asada

Preparación

1 Para hacer la marinada, colocar el vino, el aceite, el ajo y el jengibre en un bol y mezclar. Colocar la carne en una fuente baja de vidrio o cerámica. Verter encima la marinada, tapar y marinar a temperatura ambiente 2-3 horas, o durante toda la noche en el refrigerador.

2 Cocinar las cebollas en la plancha de la barbacoa ligeramente aceitada o en una sartén ligeramente aceitada, sobre la barbacoa, 10-15 minutos o hasta que estén doradas. Precalentar la barbacoa a fuego medio. Escurrir la carne y cocinarla en la barbacoa ligeramente aceitada 3-5 minutos de cada lado o hasta que esté cocida a gusto.

3 Pincelar ligeramente las rebanadas de pan con aceite y tostar en la parrilla 1-2 minutos de cada lado o hasta que adquieran un ligero color. Para armar los sándwiches, distribuir encima de 6 tostadas la carne y las cebollas y cubrir con el resto del pan.

Consejo: Quizá quiera añadir algunos ingredientes frescos a sus sándwiches. Mostaza o aderezo son también un sabroso agregado.

La carne marinada, asada y colocada entre rebanadas de pan tostado crea los mejores sándwiches que usted haya probado.

6 porciones

ingredientes

6 bistecs magros, de 1 cm/$^1/_2$ in de espesor
3 cebollas, rebanadas finas
12 rebanadas gruesas de pan integral
aceite de oliva

Marinada de jengibre y vino
1 taza/250 ml/8 fl oz de vino tinto
$^1/_2$ taza/125 ml/4 fl oz de aceite de oliva
1 diente de ajo, machacado
2 cucharadas de jengibre fresco rallado

chuletas
de cordero con mantequilla de miel

Preparación

1 *Para hacer la mantequilla de miel, colocar la mantequilla, la menta, la miel y pimienta negra a gusto en un tazón y mezclar. Envolver la mezcla en film y dar forma de cilindro. Refrigerar hasta que endurezca.*

2 *Precalentar la barbacoa a fuego medio. Colocar el aceite y el ajo en un tazón y combinar. Envolver el extremo del hueso de la costilla con papel de aluminio para que no se queme durante la cocción. Pincelar las costillas con la mezcla de aceite y cocinar en la plancha de la barbacoa 3 minutos de cada lado o hasta que el cordero esté tierno.*

3 *Cortar la mantequilla en pequeños discos y servir con las costillas.*

Consejo: *Se pueden hacer interesantes formas de mantequilla usando cortadores para galletas.*

4 porciones

ingredientes

1 cucharada de aceite
1 diente de ajo, machacado
8 chuletas de cordero

Mantequilla de miel
90 g/3 oz de mantequilla, ablandada
2 cucharadas de menta fresca picada
1 cucharada de miel
pimienta negra recién molida

bistecs
de cerdo con relleno de manzana

Preparación

1 Colocar los bistecs mariposa en una tabla y, con una maza, aplanarlos un poco.

2 Para hacer el relleno de manzana, derretir la mantequilla en una sartén y cocinar la cebolla y el tocino 4-5 minutos o hasta que el tocino esté crocante. Agregar la manzana y cocinar hasta que esté blanda. Colocar la mezcla de manzana en un bol, agregar el pan molido, el huevo, la mozzarella y el perejil y combinar. Sazonar a gusto con pimienta negra.

3 Precalentar la barbacoa a fuego medio. Colocar cucharadas de relleno sobre una mitad de cada bistec, luego cubrir con la otra mitad y asegurar con un palillo de madera. Cocinar en la barbacoa ligeramente aceitada 5-6 minutos de cada lado o hasta que los bistecs estén cocidos.

6 porciones

ingredientes

6 bistecs mariposa de cerdo

Relleno de manzana
30 g/1 oz de mantequilla
1 cebolla, finamente picada
2 lonjas de tocino, finamente picadas
1 manzana, sin el centro y finamente picada
1 1/2 taza/90 g/3 oz de pan seco molido
1 huevo, ligeramente batido
155 g/5 oz de mozzarella, en pequeños cubos
2 cucharadas de perejil fresco picado
pimienta negra recién molida

cordero
asado frutado

Foto en página 53

Preparación

1 Hacer cortes en la parte más gruesa de cada jarrete de cordero para permitir una cocción pareja.

2 Colocar el chutney, el ajo machacado, el jengibre, el jugo de manzana, el vino y el aceite en una fuente refractaria baja de vidrio, cerámica o loza y combinar. Agregar el cordero, dar vuelta hasta cubrir, tapar y marinar en el refrigerador 2 horas. Retirar el cordero del refrigerador y hornear 1 hora.

3 Precalentar la barbacoa a fuego medio. Retirar el cordero de la fuente y colocarlo en la barbacoa ligeramente aceitada, añadir el ajo y cocinar, dando vuelta cada tanto, 30 minutos o hasta que el cordero y el ajo estén tiernos.

Nota: Use ajo tierno fresco para esta receta. Su sabor es más suave que el del ajo maduro, y cuando se cocina, adquiere un leve gusto a nuez.

4 porciones

ingredientes

4 jarretes de cordero
2 cucharadas de chutney de mango
2 dientes de ajo, machacados
1 cucharada de jengibre fresco finamente rallado
$^1/_4$ taza/60 ml/2 fl oz de jugo de manzana
$^1/_4$ taza/60 ml/2 fl oz de vino blanco
2 cucharadas de aceite de oliva
4 cabezas de ajo tierno, cortadas por el medio horizontalmente

Temperatura del horno 180°C/350°F/Gas 4

costillas
con romero y tomillo

Foto en página 53

Preparación

1 Para hacer la marinada, colocar el romero, el tomillo, el ajo, el aceite, el vinagre y el jugo de lima en una fuente baja de vidrio o cerámica y combinar. Agregar el cordero, dar vuelta hasta cubrir, tapar y marinar a temperatura ambiente 1 hora.

2 Precalentar la barbacoa a fuego fuerte. Escurrir el cordero, colocarlo en la barbacoa ligeramente aceitada y cocinar 3-5 minutos de cada lado o hasta que esté a punto.

Nota: Se necesitan pinzas de mango largo para dar vuelta los alimentos sin quemarse las manos.

6 porciones

ingredientes

12 costillas de cordero, desgrasadas

Marinada de hierbas frescas
2 cucharadas de romero fresco picado
2 cucharadas de tomillo fresco picado
2 dientes de ajo, machacados
$^1/_4$ taza/60 ml/2 fl oz de aceite de oliva
$^1/_4$ taza/60 ml/2 fl oz de vinagre balsámico o de vino tinto
2 cucharadas de jugo de lima

pata de cordero
marinada

Preparación

1 Aplanar la pata de cordero y condimentar con pimienta negra. Ponerla en una fuente baja de vidrio o cerámica.

2 Para hacer la marinada, colocar el ajo, el aceite, el jugo de limón, la mejorana y el tomillo en un tazón y combinar. Echar sobre el cordero, tapar y dejar marinar a temperatura ambiente 3-4 horas, o durante la noche en el refrigerador.

3 Precalentar la barbacoa a fuego medio. Retirar el cordero de la marinada y reservarla. Cocinar el cordero en la parrilla ligeramente aceitada, dando vuelta varias veces durante la cocción y humedeciendo con la marinada, 15-25 minutos o hasta que esté cocido a gusto.

Consejo: Pruebe el tomillo alimonado en lugar del tomillo común en esta receta. Su carnicero abrirá la pata de cordero en unos minutos si usted no quiere hacerlo por su cuenta.

6 porciones

ingredientes

1 pata de cordero de 1 ¹/₂ - 2 kg/3-4 lb, deshuesada y abierta
pimienta negra recién molida

Marinada de limón y hierbas
2 dientes de ajo, machacados
¹/₄ taza/60 ml/2 fl oz de aceite de oliva
¹/₄ taza/60 ml/2 fl oz de jugo de limón
1 cucharada de mejorana fresca finamente picada, o
1 cucharadita de mejorana seca
1 cucharada de tomillo fresco finamente picado, o
1 cucharadita de tomillo seco

costillitas
de cerdo con chile picante

Preparación

1 *Condimentar las costillas con pimienta negra y colocar en una fuente baja de vidrio o cerámica. Combinar el jugo de manzana, el jugo de lima y la salsa Tabasco, verter sobre las costillitas y dar vuelta hasta cubrir. Tapar y refrigerar 1-2 horas.*

2 *Para hacer el glaseado, calentar el aceite en una sartén y cocinar las cebollas, el ajo y el chile a fuego medio 10 minutos o hasta que las cebollas estén blandas. Incorporar el puré de manzana, la jalea y el jugo, llevar a hervor y cocinar a fuego bajo, revolviendo con frecuencia, 15 minutos o hasta que la mezcla espese. Incorporar el jugo de lima y condimentar a gusto con pimienta negra; cocinar 15 minutos más o hasta que la mezcla se reduzca.*

3 *Precalentar la barbacoa a fuego medio. Escurrir las costillitas y sellarlas en la barbacoa ligeramente aceitada, 5 minutos de cada lado, pincelando con frecuencia con la mezcla reservada de jugo de manzana. Pincelarlas con el glaseado tibio y cocinar, dando vuelta, 5 minutos más. Servir las costillitas con el resto del glaseado.*

Nota: *La manzana, el cerdo y el chile juntos crean las costillitas más sabrosas que haya probado.*

6 porciones

ingredientes

**6 pequeños costillares de cerdo
pimienta negra recién molida
¹/₂ taza/125 ml/4 fl oz de jugo de
manzana
¹/₄ taza/125 ml/4 fl oz de jugo de lima
una pizca de salsa Tabasco**

Glaseado de manzana y chile
**1 cucharada de aceite
2 cebollas, finamente picadas
2 dientes de ajo, machacados
1 chile rojo fresco, sin semillas,
finamente picado
125 g/4 oz de puré de manzana en lata
1 taza/315 g/10 oz de jalea de manzana
¹/₂ taza/125 ml/4 fl oz de jugo
de manzana
2 cucharadas de jugo de lima
pimienta negra recién molida**

bistecs
con mantequilla azul

Preparación

1 *Para hacer la mantequilla azul, colocar la mantequilla, el queso azul, el perejil y la páprika en un bol y batir para combinar. Poner la mantequilla en un trozo de film y enrollar en forma de cilindro. Refrigerar 1 hora o hasta que esté firme.*

2 *Precalentar la barbacoa a fuego fuerte.*

3 *Colocar la pimienta negra y el aceite en un bol y mezclar. Pincelar los bistecs ligeramente con la mezcla de aceite. Colocar los bistecs en la parrilla ligeramente aceitada y cocinar 3-5 minutos de cada lado o hasta que estén cocidos a gusto.*

4 *Cortar la mantequilla en tajadas de 2 cm/³/₄ in de espesor y colocar 1-2 tajadas sobre cada bistec. Servir de inmediato.*

Nota: *Las sobras de la mantequilla azul pueden guardarse en el frigorífico para usar más adelante. También resulta deliciosa con costillas de cordero asadas y con verduras asadas como berenjenas, pimientos rojos y verdes y calabacitas.*

6 porciones

ingredientes

1 cucharada de pimienta negra recién molida
2 cucharadas de aceite de oliva
6 bistecs de lomo, desgrasados

Mantequilla azul
125 g/4 oz de mantequilla, ablandada
60 g/2 oz de queso azul
1 cucharada de perejil fresco picado
1 cucharadita de páprika

burgers
de carne y tocino

Preparación

1 Precalentar la barbacoa a fuego medio. Colocar la carne, las cebollas de rabo, el cebollín, el huevo, la salsa de tomate, la salsa Worcestershire y la salsa de chile en un bol y mezclar. Dar a la mezcla forma de 12 burgers. Repartir la mozzarella sobre 6 burgers, luego tapar con los 6 burgers restantes y unir los bordes para sellar. Envolver un trozo de tocino alrededor de cada burger y asegurar con un palillo de madera. Colocar en una fuente y refrigerar 2 horas o hasta que los burgers estén firmes.

2 Colocar los burgers en una rejilla doble de alambre y cocinar en la parrilla 10-15 minutos o hasta que estén cocidos a gusto y la mozzarella se haya derretido.

Nota: La rejilla doble de alambre es un accesorio útil de la barbacoa. Es ideal para cocinar alimentos frágiles y delicados como pescados —enteros, filetes y postas— y burgers que pueden separarse cuando se dan vuelta.

6 porciones

ingredientes

750 g/1 ¹/₂ lb de carne molida magra
3 cebollas de rabo, picadas
2 cucharadas de cebollín fresco, tijereteado
1 huevo, ligeramente batido
2 cucharadas de salsa de tomate
1 cucharada de salsa Worcestershire
1 cucharada de salsa de chile
125 g/4 oz de mozzarella, rallada
6 lonjas de tocino, sin piel

bistecs
con especias cajun

Preparación

1 *Precalentar la barbacoa a fuego fuerte. Para hacer la salsa, colocar la piña, las cebollas de rabo, el cilantro, el chile, el azúcar y el vinagre en un bol y mezclar. Reservar.*

2 *Para hacer la mezcla de especias, combinar la páprika, los granos de pimienta negra, el tomillo, el orégano y el chile en polvo. Frotar la mezcla de especias sobre los bistecs. Colocar los bistecs sobre la barbacoa ligeramente aceitada y cocinar 3-5 minutos de cada lado o hasta que esté cocido a gusto. Servir con la salsa.*

Nota: *Cuando pruebe para ver si un bistec está cocido a su gusto, presiónelo con un par de pinzas sin filo. No corte la carne, pues si lo hace se escaparán los jugos. Los bistecs jugosos serán elásticos; los a punto, un poco menos y los bien cocidos resultarán firmes. Como guía, un bistec de 2,5 cm/1 in de espesor jugoso tarda 3 minutos de cada lado, un bistec a punto 4 minutos y uno bien cocido 5 minutos.*

4 porciones

ingredientes

4 bistecs de lomo, desgrasados

<u>Mezcla de especias Cajun</u>
1 cucharada de páprika dulce
1 cucharadita de granos de pimienta negra, machacados
1 cucharadita de tomillo molido
1 cucharadita de orégano molido
¼ cucharadita de chile en polvo

<u>Salsa de chile y piña</u>
½ piña, pelada y picada
2 cebollas de rabo, picadas
1 cucharada de cilantro fresco picado
1 chile rojo fresco, picado
1 cucharada de azúcar morena
1 cucharada de vinagre blanco

bulgogi
coreano

Preparación

1 Colocar el ajo, el jengibre, la salsa de soja, la miel y la salsa de chile en un bol y mezclar. Agregar la carne, dar vuelta hasta cubrir, tapar y marinar en el refrigerador 4 horas.

2 Precalentar la barbacoa a fuego fuerte. Calentar 1 cucharada de aceite en la plancha de la barbacoa, agregar la carne y saltear 1-2 minutos o hasta que apenas cambie de color. Dejar la carne a un costado de la parrilla para mantenerla caliente.

3 Calentar el resto del aceite en la plancha de la barbacoa, agregar las cebollas y los brotes de soja y saltear 4-5 minutos o hasta que las cebollas estén doradas. Agregar la carne a la mezcla de cebolla y saltear 1-2 minutos más. Esparcir las semillas de ajonjolí y servir de inmediato, con arroz al vapor.

6 porciones

ingredientes

4 dientes de ajo, machacados
2 cucharaditas de jengibre fresco finamente rallado
1/4 taza/60 ml/2 fl oz de salsa de soja
3 cucharadas de miel
1 cucharada de salsa de chile dulce
750 g/1 1/2 lb de bistecs, desgrasados y cortados en tiras finas
2 cucharadas de aceite
2 cebollas, rebanadas
125 g/4 oz de brotes de soja
2 cucharadas de semillas de ajonjolí

pizza de calabaza asada

variedad vegetariana

Dada la cantidad de gente que ahora

elige ser vegetariana o semivegetariana, es una buena idea servir una alternativa de verduras. Estas recetas son económicas y seguramente llegarán a ser muy populares entre sus conocidos.

masa básica
para pizza

Preparación

1 Colocar la levadura, el azúcar y el agua en un bol y mezclar para disolver. Dejar reposar en un lugar tibio, sin corrientes de aire, 5 minutos o hasta que la mezcla esté espumosa.

2 Poner la harina y la sal en un procesador y pulsar una o dos veces para cernir. Con la máquina en funcionamiento, verter lentamente la mezcla de levadura y el aceite y procesar hasta formar una masa rústica. Pasar la masa a una superficie ligeramente enharinada y amasar 5 minutos o hasta que esté blanda y brillosa. Agregar más harina si fuera necesario.

3 Poner la masa en un bol grande ligeramente aceitado y hacerla rodar para aceitar toda la superficie. Tapar con film y colocar en un lugar tibio sin corrientes de aire 1-1 ½ hora o hasta que duplique su tamaño. Hundir con el puño, amasar ligeramente y usar como se desee.

Nota: La levadura seca es dos veces más potente que la fresca.

4 pizzas individuales o 1 grande

ingredientes

**1 cucharadita de levadura seca
una pizca de azúcar
²/₃ taza/170 ml/5 ½ fl oz de agua tibia
2 tazas/250 g/8 oz de harina
½ cucharadita de sal
¼ taza/60 ml/2 fl oz de aceite de oliva**

pizza
de calabaza asada

Foto en página 61

Preparación

1 Precalentar la parrilla a fuego fuerte. Para la cubierta, calentar aceite en la plancha de la barbacoa 2-3 minutos o hasta que esté caliente, agregar la calabaza y la cebolla y cocinar 5 minutos de cada lado o hasta que estén blandas y doradas. Reservar.

2 Dividir la masa en cuatro porciones y estirar en discos de 3 mm/⅛ in de espesor. Colocar los discos de masa en la barbacoa ligeramente aceitada y cocinar 3-5 minutos o hasta que estén dorados y crocantes. Dar vuelta, colocar encima la calabaza, la cebolla, el queso feta, el tomillo y pimienta negra a gusto y cocinar 4-6 minutos más o hasta que el borde de la pizza esté crocante, dorado y completamente cocido. Servir de inmediato.

Nota: Las batatas son una deliciosa alternativa para la calabaza en esta receta.

4 porciones

ingredientes

1 receta de masa básica para pizza (arriba)

Cubierta de calabaza y feta
**1 cucharada de aceite de oliva
8 tajadas grandes de calabaza, peladas y sin semillas
1 cebolla, rebanada
315 g/10 oz de queso feta, desmenuzado
1 cucharada de tomillo fresco picado
pimienta negra recién molida**

tostadas
y hongos asados

Preparación

1 Precalentar la barbacoa a fuego medio. Pincelar los hongos con aceite y cocinar en la barbacoa ligeramente aceitada 4-5 minutos o hasta que estén cocidos. Pincelar ambos lados del pan con el resto del aceite y cocinar 2-3 minutos de cada lado o hasta dorar.

2 Frotar una cara del pan con el lado cortado del diente de ajo. Colocar encima de cada tajada los hongos, el perejil, el cebollín y la albahaca. Condimentar a gusto con pimienta negra y servir de inmediato.

Nota: Este delicioso primer plato lleva sólo unos minutos de cocción.

2 porciones

ingredientes

6 hongos planos
¹/₄ taza/60 ml/2 fl oz de aceite de oliva
2 tajadas gruesas de pan
I diente de ajo, cortado por el medio
2 cucharaditas de perejil fresco finamente picado
2 cucharaditas de cebollín fresco, tijereteado
I cucharadita de albahaca fresca finamente picada
pimienta negra recién molida

burgers
de verdura

Preparación

1 Para hacer los burgers, cocinar por hervido, al vapor o en microondas el brócoli, la calabacita y las zanahorias hasta que estén tiernos. Escurrir, enjuagar bajo el chorro de agua fría y secar.

2 Colocar el brócoli, la calabacita, las zanahorias, las cebollas, el ajo y el perejil en un procesador y procesar hasta obtener un puré. Pasar la mezcla a un bol, agregar el pan molido y la harina, condimentar con pimienta negra y mezclar. Tapar y refrigerar 30 minutos.

3 Formar 10 burgers. Colocar en un trasto para horno, cubrir con film, tapar y refrigerar hasta usar.

4 Para hacer la salsa, calentar el aceite en una sartén y cocinar la cebolla, el ajo, el chile y el pimiento verde 5 minutos o hasta que la cebolla y el pimiento estén blandos. Agregar los tomates, llevar a hervor, bajar el fuego y cocinar 15-20 minutos o hasta que espese. Condimentar a gusto con pimienta negra.

5 Precalentar la barbacoa a fuego medio. Cocinar los burgers en la plancha de la barbacoa ligeramente aceitada o en una sartén ligeramente aceitada sobre la barbacoa 3-4 minutos de cada lado. Tostar los bollos en la barbacoa. Colocar una hoja de lechuga, un burger y una cucharada de salsa sobre la parte inferior de cada bollo, tapar con la otra mitad y servir de inmediato.

10 unidades

ingredientes

10 bollos integrales, partidos por el medio
10 hojas de lechuga

Burgers de verdura
500 g/1 lb de brócoli, picado
500 g/1 lb de calabacita, picada
250 g/8 oz de zanahoria, picada
2 cebollas, finamente picadas
2 dientes de ajo, machacados
3 cucharadas de perejil, picado
3 tazas/185 g/6 oz de pan seco molido
¹/₂ taza/60 g/2 oz de harina, cernida
pimienta negra recién molida

Salsa de tomate picante
1 cucharada de aceite de oliva
1 cebolla, finamente picada
1 diente de ajo, machacado
1 chile rojo fresco, sin semillas, finamente picado
1 pimiento verde, finamente picado
440 g/14 oz de tomates en lata, sin escurrir y pisados
pimienta negra recién molida

tajadas
de verdura asadas

Preparación

1 Precalentar la barbacoa a fuego medio. Colocar el aceite y el ajo en un tazón y batir para combinar. Pincelar las tajadas de berenjena, calabacita, tomate y pimiento con la mezcla de aceite.

2 Cocinar las tajadas de berenjena, calabacita y pimiento rojo en la barbacoa ligeramente aceitada, dando vuelta con frecuencia, 4-5 minutos o hasta que estén casi cocidas. Agregar a la barbacoa las tajadas de tomate y cocinar todas las verduras 2-3 minutos más. Sazonar con pimienta.

6 porciones

ingredientes

**¹/₂ taza/125 ml/4 fl oz de aceite de oliva
1 diente de ajo, machacado
1 berenjena grande, cortada a lo largo en tajadas gruesas
3 calabacitas grandes, cortados a lo largo en tajadas gruesas
2 pimientos rojos, cortados en cuartos, sin semillas
3 tomates firmes grandes, cortados en tajadas gruesas
pimienta negra recién molida**

burgers
de risotto

Preparación

1 *Derretir la mantequilla y el aceite juntos en una olla a fuego medio, agregar el ajo y el tocino y cocinar, revolviendo, 3 minutos o hasta que el tocino esté crocante. Añadir el puerro y cocinar 3 minutos o hasta que esté dorado. Agregar el arroz y los champiñones y cocinar, revolviendo, 3 minutos más.*

2 *Incorporar 3/4 taza/185 ml/6 fl oz de caldo caliente y 1/4 taza/60 ml/2 fl oz de vino y cocinar, revolviendo constantemente, a fuego medio hasta que el líquido se haya absorbido. Seguir agregando caldo y vino de este modo, revolviendo constantemente y dejando que el líquido se absorba antes de verter más.*

3 *Retirar la olla del fuego, agregar el queso parmesano y pimienta negra a gusto y mezclar. Dejar enfriar, luego refrigerar al menos 3 horas.*

4 *Precalentar la barbacoa a fuego medio. Tomar cucharadas de mezcla de arroz y formar burgers. Pasar por harina y sacudir el exceso. Sumergir los burgers en huevo y pasarlos por pan molido hasta cubrir. Cocinarlos en la plancha de la barbacoa ligeramente aceitada, 5 minutos de cada lado o hasta que estén dorados y calientes.*

Nota: *Estas pequeñas delicias serán un éxito con tragos antes de cualquier barbacoa. También pueden cocinarse en una sartén a fuego medio sobre la hornalla.*

Para una versión vegetariana de esta receta, elimine el tocino y use caldo de verduras.

6 porciones

ingredientes

**30 g/1 oz de mantequilla
1 cucharada de aceite de oliva
2 dientes de ajo, machacados
3 lonjas de tocino, picadas
1 puerro, rebanado fino
1 1/4 taza/280 g/9 oz de arroz arborio o
para risotto
125 g/4 oz de champiñones, rebanados
3 tazas/750 ml/1 1/4 pt de caldo de
pollo o de verduras, caliente
1 taza/250 ml/8 fl oz de vino blanco
seco
60 g/2 oz de queso parmesano, rallado
pimienta negra recién molida
1/4 taza/30 g/1 oz de harina
2 huevos, ligeramente batidos
1 1/2 taza/90 g/3 oz de pan integral
seco molido**

burgers
de arroz integral y frijoles

Preparación

1 Precalentar la barbacoa a fuego medio. Colocar los frijoles de soja, el cilantro fresco, las cebollas de rabo, el jengibre, el comino, el coriandro y la cúrcuma en un procesador y procesar 30 segundos o hasta que la mezcla parezca pan molido grueso. Pasar la mezcla a un bol, agregar el arroz, la harina y el huevo y mezclar. Formar burgers.

2 Calentar el aceite en la plancha de la barbacoa 2-3 minutos o hasta que esté caliente, agregar los burgers y cocinar 5 minutos de cada lado o hasta que estén dorados y calientes.

3 Para hacer el yogur con chile, poner el yogur, la salsa de chile y el jugo de lima en un bol y mezclar. Servir con los burgers.

6 porciones

ingredientes

440 g/14 oz de frijoles de soja en lata, escurridos y enjuagados
6 cucharadas de cilantro fresco picado
3 cebollas de rabo, picadas
1 cucharada de jengibre fresco finamente rallado
1 cucharada de comino molido
1 cucharada de coriandro molido
$^1/_2$ cucharadita de cúrcuma molida
$^1/_2$ taza/100 g/3 $^1/_2$ oz de arroz integral, cocido
$^1/_2$ taza/75 g/2 $^1/_2$ oz de harina integral
1 huevo, ligeramente batido
2 cucharadas de aceite

<u>Yogur con chile dulce</u>
1 taza/200 g/6 $^1/_2$ oz de yogur natural
2 cucharadas de salsa de chile dulce
1 cucharada de jugo de lima

ensalada
de requesón con corteza de frutas secas

Preparación

1 Colocar el requesón en un colador cubierto con una muselina y escurrir 1 hora.
2 Precalentar la barbacoa a fuego medio. Poner el queso parmesano, los piñones, la páprika, el orégano y 2 cucharadas de aceite en un bol y mezclar. Presionar la mezcla sobre la superficie del requesón hasta cubrir.
3 Calentar el resto del aceite en la plancha de la barbacoa, hasta que esté caliente; luego cocinar el requesón, dando vuelta cada tanto, 10 minutos o hasta que esté dorado. Dejar reposar 10 minutos y cortar en tajadas.
4 Cubrir una fuente grande con las hojas verdes. Acomodar encima, de un modo atractivo, los brotes de comelotodos o el berro, los tomates cherry, el aguacate, los tomates secos y las tajadas de requesón.
5 Para hacer el aliño, colocar el ajo, el comino, el coriandro, las escamas de chile, el aceite, el vinagre y la miel en un bol y batir ligeramente para combinar. Echar sobre la ensalada y servir.

Nota: Si la barbacoa a gas no enciende en el primer intento, apáguela; espere 20 segundos y pruebe de nuevo. Esto asegurará que no se haya acumulado gas.

4 porciones

ingredientes

315 g/10 oz de requesón, en un trozo
90 g/3 oz de queso parmesano, rallado
60 g/2 oz de piñones, tostados y finamente picados
1 cucharada de páprika dulce
1 cucharada de orégano seco
4 cucharadas de aceite de oliva
315 g/10 oz de hojas verdes surtidas
90 g/3 oz de brotes de comelotodos o berro
185 g/6 oz de tomates cherry rojos o amarillos
1 aguacate, sin hueso, pelado y picado
30 g/1 oz de tomates secos, rebanados

Aliño de miel y especias
2 dientes de ajo, machacados
1 cucharadita de comino molido
1 cucharadita de coriandro molido
una pizca de escamas de chile rojo
$1/4$ taza/60 ml/2 fl oz de aceite de oliva
1 cucharada de vinagre de sidra
1 cucharadita de miel

hongos
rellenos con cuscús

Preparación

1 Precalentar la barbacoa a fuego fuerte. Colocar el cuscús en un bol, echar encima el agua hirviente, tapar y dejar reposar 5 minutos o hasta que el agua se haya absorbido. Agregar la mantequilla y airear suavemente con un tenedor.

2 Calentar el aceite en una sartén a fuego medio, agregar la cebolla y el ajo y cocinar, revolviendo, 3 minutos o hasta que la cebolla esté blanda. Añadir el garam masala y la pimienta de Cayena y cocinar 1 minuto más. Agregar la mezcla de cebolla al cuscús y combinar.

3 Rellenar los hongos con la mezcla de cuscús, cubrir con el queso feta y cocinar en la parrilla ligeramente aceitada 5 minutos o hasta que los hongos estén tiernos y el queso, derretido.

Nota: Si su barbacoa tiene sólo parrilla, use una sartén de mango largo cuando una receta pide que la comida se cocine en la plancha de la barbacoa.

4 porciones

ingredientes

²/₃ taza/125 g/4 oz de cuscús
²/₃ taza/170 ml/5 ¹/₂ fl oz de agua hirviente
15 g/¹/₂ oz de mantequilla
2 cucharaditas de aceite de oliva
1 cebolla, picada
2 dientes de ajo, machacados
1 cucharadita de garam masala
una pizca de pimienta de Cayena
12 hongos grandes, sin los tallos
200 g/6 ¹/₂ oz de queso feta, desmenuzado

ensalada
tibia de verduras

Foto en página 71

Preparación

1 *Precalentar la barbacoa a fuego medio. Colocar las calabacitas y las cebollas en la barbacoa ligeramente aceitada y cocinar 2-3 minutos de cada lado o hasta que estén doradas y tiernas.*

2 *Acomodar de un modo atractivo en una fuente los brotes de comelotodos o el berro, el pimiento amarillo o rojo y el aguacate. Colocar encima las calabacitas y las cebollas.*

3 *Para hacer el aliño, poner el cebollín, el jugo de naranja, el vinagre y la mostaza en un frasco con tapa a rosca y sacudir bien para combinar. Verter sobre la ensalada y servir.*

Nota: *Esta ensalada resulta deliciosa si se acompaña con pan de aceitunas tostado.*

6 porciones

ingredientes

6 calabacitas, rebanadas a lo largo
2 cebollas coloradas, rebanadas
**155 g/5 oz de brotes de comelotodos
o berro**
1 pimiento amarillo o rojo, picado
1 aguacate, sin hueso, pelado y picado

Aliño de naranja
**2 cucharadas de cebollín fresco,
tijereteado**
¼ taza/60 ml/2 fl oz de jugo de naranja
1 cucharada de vinagre de vino blanco
2 cucharaditas de mostaza francesa

kebabs
con salsa de hierbas

Foto en página 71

ingredientes

Preparación

1 *Precalentar la barbacoa a fuego medio. Insertar un trozo de pimiento verde, uno de calabacita, uno de cebolla, uno de berenjena y un tomate en un pincho ligeramente aceitado. Repetir con el resto de las verduras hasta usar todos los ingredientes*

2 *Combinar el aceite, el jugo de limón y el orégano y pincelar las kebabs. Colocarlas en la parrilla ligeramente aceitada y cocinar, dando vuelta varias veces, 5-10 minutos o hasta que las verduras estén tiernas.*

3 *Para hacer la salsa, poner el eneldo, el cebollín, la crema agria y el jugo de limón en un bol y mezclar. Servir con las kebabs.*

Nota: *Siempre tenga agua a mano cuando haga barbacoa. Si no tiene cerca un grifo o una manguera, coloque un cubo con agua al lado de la barbacoa. Un extinguidor o una manta ignífuga son también buenas medidas de precaución.*

**1 pimiento verde, sin semillas,
en cuadrados de 2 cm/¾ in**
2 calabacitas, en trozos de 2 cm/¾ in
1 cebolla colorada, en cubos de 2 cm/¾ in
1 berenjena, en cubos de 2 cm/¾ in
16 tomates cherry
2 cucharadas de aceite de oliva
2 cucharadas de jugo de limón
1 cucharada de orégano fresco picado o
1 cucharadita de orégano seco

Salsa de hierbas
1 cucharada de eneldo fresco picado
2 cucharadas de cebollín fresco, tijereteado
1 taza/250 g/8 oz de crema agria
2 cucharadas de jugo de limón

4 porciones

polenta
asada a la pimienta

Preparación

1 Colocar el agua en una olla y llevar a hervor. Bajar el fuego, incorporar la polenta, batiendo ligeramente, y cocinar, revolviendo, 20 minutos o hasta que la mezcla esté espesa y se despegue de los costados de la olla.

2 Incorporar la mantequilla, los granos de pimienta y el queso parmesano rallado. Extender la mezcla de un modo parejo en un molde engrasado de 18 x 28 cm/7 x 11 in y refrigerar hasta que solidifique. Cortar en triángulos.

3 Pincelar la polenta y las verduras con aceite y cocinar bajo un grill precalentado o en la parrilla 3-5 minutos de cada lado, o hasta que la polenta esté dorada y las verduras, tostadas y tiernas.

4 Para servir, colocar sobre los triángulos de polenta la rúcula, las verduras asadas, el pesto y las láminas de queso parmesano.

Nota: Cuando dore la polenta en el grill o en la parrilla, como en esta receta, es importante que la coloque sobre la superficie precalentada y la deje hasta que forme una capa tostada. Sólo entonces podrá darla vuelta con facilidad. No intente hacerlo antes, pues la deliciosa capa tostada quedará en la parrilla.

ingredientes

8 tazas/2 litros/3 ¹/₂ pt de agua
2 tazas/350 g/11 oz de polenta
125 g/4 oz de mantequilla, en trocitos
1 cucharada de granos de pimienta negra, machacados
125 g/4 oz de queso parmesano, rallado
2 cucharadas de aceite de oliva
2 calabacitas, en tiras
1 pimiento rojo, en tiras finas
1 berenjena, en tiras
125 g/4 oz de hojas de rúcula
¹/₂ taza/125 g/4 oz de pesto preparado
láminas de queso parmesano fresco

8 porciones

pinchos
de verdura con tahini

Preparación

1 Insertar las calabacitas, los pimientos rojos y amarillos o verdes, las calabacitas patty pan y el queso feta en pinchos ligeramente aceitados. Pincelar los pinchos con aceite y cocinar en la barbacoa caliente precalentada o bajo un grill caliente, 2 minutos de cada lado o hasta que estén tostados y las verduras resulten tiernas y crocantes.

2 Para hacer el mojo, colocar el tahini, el yogur, el jugo de lima, la salsa de chile, el extracto de tomate y pimienta negra a gusto en un bol y mezclar. Servir con los pinchos.

Nota: Cuando inserte las verduras en los pinchos, asegúrese de que tengan una superficie exterior plana: así se asarán más fácilmente.

El tahini es una pasta oleosa espesa hecha con semillas de ajonjolí tostadas y machacadas. Cuando se asienta, el aceite tiende a separarse y, antes de usar, es necesario batir para volver a incorporarlo. Se encuentra en las tiendas de alimentos de Medio Oriente o de comida sana y en la mayoría de los supermercados.

4 porciones

ingredientes

3 calabacitas, en cubos de 2 cm/^{3}/$_4$ in
2 pimientos rojos, en cubos de 2 cm/^{3}/$_4$ in
2 pimientos amarillos o verdes,
en cubos de 2 cm/^{3}/$_4$ in
8 calabacitas patty pan, en mitades
185 g/6 oz de queso feta, en cubos de
2 cm/^{3}/$_4$ in
2 cucharadas de aceite de chile

Mojo de tahini
^{1}/$_2$ taza/125 g/4 oz de tahini
3 cucharadas de yogur natural espeso
2 cucharadas de jugo de lima
1 cucharada de salsa de chile dulce
1 cucharada de extracto de tomate
pimienta negra recién molida

secretos
de la barbacoa

Ningún libro de este tema estaría completo sin una sección sobre los extras que parecen hacer de las barbacoas ajenas un éxito sensacional. En este capítulo encontrará muchos secretos para una perfecta barbacoa.

Mantequillas saborizadas

Las mantequillas saborizadas son una excelente forma de agregar sabor después de la cocción, si se colocan sobre un bistec o sobre una papa asada. La mantequilla de ajo es probablemente la más conocida, pero usted puede hacer una variedad de sabrosas mantequillas.

Para hacer mantequilla de perejil, colocar 125 g/4 oz de mantequilla ablandada, un toque de jugo de limón, una cucharada de perejil fresco bien picado y pimienta a gusto en un procesador o licuadora y procesar para combinar. Dar forma cilíndrica, envolver en film y refrigerar hasta que esté firme.

Ésta es la receta básica para una mantequilla saborizada y el perejil puede reemplazarse por cualquier ingrediente a elección. Puede usar otra hierba fresca; quizá quiera probar con cebollín, romero, tomillo o albahaca. La combinación de diferentes hierbas puede generar un interesante sabor. Otras opciones deliciosas son rábano picante, anchoa, pimiento rojo o verde asado, pasta de curry, mostaza, cebolla, cebollas de rabo, alcaparras, cáscara de limón o de lima finamente rallada.

Salsa barbacoa

1 cucharada de aceite
1 cebolla picada
1 diente de ajo, machacado
1 cucharadita de mostaza en polvo
1 cucharada de salsa Worcestershire
1 cucharada de azúcar morena
3 cucharadas de salsa de tomate
1 cucharadita de salsa de chile
³/₄ taza/185 ml/6 fl oz de caldo de res
pimienta negra recién molida

Calentar el aceite en una sartén y cocinar la cebolla y el ajo 3-4 minutos o hasta que estén blandos. Incorporar la mostaza en polvo, la salsa Worcestershire, el azúcar, la salsa de tomate y de chile, y el caldo. Llevar a hervor, luego bajar el fuego y cocinar 8-10 minutos o hasta que la salsa se reduzca y espese ligeramente. Condimentar a gusto con pimienta negra.

1 taza/250 ml/8 fl oz

Salsa de manzana y rábano picante

Delicioso con carne y salchichas, este condimento también es un acompañamiento interesante para el pescado asado.

¹/₂ taza/125 ml/4 fl oz de crema
1 manzana verde, sin el centro y rallada
3 cucharadas de aderezo de rábano picante
pimienta negra recién molida

Colocar la crema en un bol y batir hasta que espese. Incorporar con movimientos envolventes la manzana y el aderezo de rábano picante y condimentar a gusto con pimienta negra.

1 taza/250 ml/8 fl oz

Salsa mexicana de chile

Maravillosa con bistecs, costillas o salchichas, esta salsa le dará un toque picante a cualquier comida.

2 cucharadas de aceite
2 chiles rojos pequeños, frescos, sin semillas, finamente picados
3 chiles verdes pequeños, frescos, sin semillas, finamente picados
3 dientes de ajo, machacados
2 cebollas, finamente picadas
1 cucharada de cilantro fresco finamente picado
440 g/14 oz de tomates en lata, sin escurrir y pisados
1 cucharadita de azúcar morena
¹/₂ cucharadita de canela molida
¹/₄ cucharadita de clavo de olor molido
¹/₄ cucharadita de jengibre molido
2 cucharadas de jugo de limón
3 cucharadas de agua

Calentar el aceite en una sartén y cocinar 2-3 minutos los chiles verdes y rojos, el ajo, las cebollas y el cilantro. Incorporar los tomates, el azúcar, la canela, el clavo de olor, el jengibre, el jugo de limón y el agua. Llevar a hervor, luego bajar el fuego y cocinar 15-20 minutos o hasta que la salsa se reduzca y espese.

2 tazas/500 ml/16 fl oz

Salsa barbacoa agridulce

Una salsa agridulce es siempre un acompañamiento popular para el pollo y el cerdo, pero también resulta deliciosa con salchichas y pescado.

1 cucharada de aceite
1 cebolla pequeña, picada
1 pimiento rojo, picado
1 cucharada de salsa de soja

2 cucharadas de miel
1 cucharada de extracto de tomate
2 cucharadas de almidón de maíz
¹/₂ taza/125 ml/4 fl oz de vinagre de sidra
¹/₂ taza/125 ml/4 fl oz de caldo de pollo o agua
440 g/14 oz de trozos de piña en lata, escurridos

1 *Calentar aceite en una sartén y cocinar la cebolla y el pimiento rojo 4-5 minutos o hasta que estén blandos. Colocar la salsa de soja, la miel, el extracto de tomate, el almidón de maíz y el vinagre en un bol y mezclar.*

2 *Incorporar la mezcla de almidón de maíz a las verduras, luego añadir el caldo o el agua. Cocinar, revolviendo, a fuego medio 2-3 minutos o hasta que la salsa hierva y espese. Incorporar los trozos de piña y cocinar 2-3 minutos más.*

2 tazas/500 ml/16 fl oz

secretos
de la barbacoa

¿Qué es una marinada?

La marinada tierniza lo duro, humedece lo seco y agrega sabor a lo insulso. Puede ser ese ingrediente secreto que convierte un trozo ordinario de carne, pescado, aves o animales de caza en una sabrosa sensación.

La marinada consiste en un ingrediente ácido, un aceite y saborizadores; cada componente juega un papel importante en el proceso de marinado.

El ingrediente ácido

Puede ser jugo de limón o de lima, vinagre, vino, salsa de soja, yogur o tomate. El ácido en la marinada tierniza alimentos como carne, cordero, cerdo, aves y mariscos.

El aceite

Cumple la función de otorgar humedad. El aceite de oliva es uno de los más populares, pero los de nuez, hierbas o semillas también pueden agregar un sabor interesante. Una regla intuitiva es que una marinada para barbacoa o grill debe contener, por lo menos, un 25% de aceite, de modo que cada 1 taza/250ml/8 fl oz de marinada hay que incluir $^1/_4$ taza/60 ml/2 fl oz de aceite.

Los saborizadores

Los más comunes son hierbas frescas o secas, especias, ajo, jengibre o cebollas.

Cómo marinar

Como las marinadas tienen ingredientes ácidos, deben colocarse en recipientes de acero inoxidable, loza, vidrio o cerámica. La marinada debe cubrir los lados de la comida, pero no es necesario que lo haga por completo. Dé vuelta los alimentos varias veces durante el proceso. Los alimentos también pueden marinarse en una bolsa de plástico. Esto es muy práctico para marinar grandes trozos de carne. Coloque la comida y la marinada en la bolsa, quite todo el aire que pueda y cierre con una banda elástica o ate con un hilo. Dé vuelta la bolsa varias veces durante la marinada.

Cuánto tiempo marinar

El tiempo de marinado puede variar desde 15 minutos a 2 días. Como regla general, cuanto más marine, más tierna y sabrosa será la comida. Los alimentos se marinan más rápido a temperatura ambiente que en el refrigerador. Pero recuerde: en climas cálidos, suele ser mejor marinar más tiempo en el refrigerador para tener la certeza de que la comida no traerá consecuencias. El pescado y los mariscos no deben marinarse más de 30 minutos, pues el ingrediente ácido en la marinada "cocinará" el pescado. Si marina en el refrigerador, deje que la comida tome temperatura ambiente durante 30 minutos antes de cocinarla, y así asegurar una cocción pareja.

Cómo cocinar comida marinada

Escurra bien la comida antes de cocinar, en especial cuando lo haga en una sartén o en la plancha de la barbacoa. La comida mojada se hervirá en lugar de dorarse. El resto de la marinada puede pincelarse sobre la comida varias veces durante la cocción.

Marinada de vino blanco y hierbas

$^3/_4$ taza/185 ml/6 fl oz de vino blanco
$^1/_4$ taza/60 ml/2 fl oz de aceite de oliva
2 cebollas de rabo, finamente picadas
1 cucharada de hierbas frescas picadas
o 1 cucharadita de hierbas secas

1 Poner el vino, el aceite, las cebollas de rabo y las hierbas en un bol y mezclar.
2 Echar la marinada sobre aves o pescados, tapar y dejar marinar.

Marinada de café y miel

Esta deliciosa marinada sin sal es excelente para carne y cordero.

1 cucharada de miel
1 cucharada de café instantáneo en polvo
1/4 taza/60 ml/2 fl oz de jugo de limón
2 dientes de ajo, machacados

1 Colocar la miel, el café en polvo, el jugo de limón y el ajo en un tazón y mezclar.
2 Verter la marinada sobre la carne, tapar y dejar marinar.

Marinada de vino tinto

Una excelente marinada para cualquier tipo de carne roja o de caza. Para una carne más liviana, como la de cordero, elija un vino tinto suave (por ejemplo, un Merlot), mientras que para un animal de caza puede usar uno más intenso (como un Malbec).

1 1/2 taza/375 ml/12 fl oz de vino tinto
1/2 taza/125 ml/4 fl oz de aceite de oliva
1 cebolla pequeña, en cubos
1 hoja de laurel, cortada a mano en trozos
1 cucharadita de granos de pimienta negra, partidos
1 diente de ajo, machacado
3 cucharaditas de tomillo fresco finamente picado o
1 cucharadita de tomillo seco

1 Colocar el vino, el aceite, la cebolla, el laurel, los granos de pimienta, el ajo y el tomillo en un pequeño bol y mezclar.
2 Echar la marinada sobre la carne, tapar y dejar marinar.

Marinada de limón y hierbas

1/2 taza/125 ml/4 fl oz de aceite de oliva
1/4 taza/60 ml/2 fl oz de jugo de limón
1/4 taza/60 ml/2 fl oz de vinagre de vino blanco
1 diente de ajo, machacado
1 cucharadita de cáscara de limón finamente rallada
2 cucharaditas de perejil fresco finamente picado

2 cucharadita de cebollín fresco tijereteado
3 cucharaditas de romero fresco finamente picado o
1 cucharadita de romero seco

1 Colocar el aceite, el jugo de limón, el vinagre, el ajo, la cáscara de limón, el perejil, el cebollín y el romero en un tazón y mezclar.
2 Echar la marinada sobre las carnes o las aves, tapar y dejar marinar.

Marinada de chile picante

1/4 taza/60 ml/2 fl oz de salsa de soja
1/4 taza/60 ml/2 fl oz de salsa hoisin
1/2 taza/125 ml/4 fl oz de jerez seco
1 diente de ajo, machacado
1 cucharadita de jengibre fresco rallado
2 cebollas de rabo, finamente picadas
1 cucharadita de salsa de chile picante

1 Colocar la salsa de soja, la salsa hoisin, el jerez, el ajo, el jengibre, las cebollas de rabo y la salsa de chile en un tazón y mezclar.
2 Echar la marinada sobre las carnes o las aves, tapar y dejar marinar. Usar la marinada para humedecer mientras se asa.

La cocina no es una ciencia exacta; para cocinar no se necesitan balanzas calibradas, pipetas graduadas ni equipamiento de laboratorio. Pero en algunos países, la conversión del sistema imperial al métrico o viceversa puede intimidar a muchos buenos cocineros.

En las recetas se indica el peso sólo de ingredientes tales como carnes, pescado, pollo y algunas verduras. Sin embargo, unos gramos (u onzas) en más o en menos no estropearán el éxito del plato.

Si bien estas recetas fueron probadas utilizando como estándares taza de 250 ml, cuchara de 20 ml y cucharita de 5 ml, también resultarán con tazas de 8 fl oz o de 300 ml. Se dio preferencia a las medidas indicadas según recipientes graduados en lugar de por cucharadas, de modo que las proporciones sean siempre iguales. Cuando se indican medidas por cucharadas no se trata de ingredientes críticos, de manera que emplear cucharas algo más pequeñas no afectará el resultado de la receta. En el tamaño de la cucharita, al menos, todos coincidimos.

En cuanto a los panes, pasteles y tartas, lo único que podría causar problemas es el empleo de huevos, ya que las proporciones pueden variar. Si se trabaja con una taza de 250 ml o 300 ml, utilizar huevos grandes (60 g/2 oz); con la taza de 300 ml puede ser necesario agregar un poco más de líquido a la receta; con la taza de 8 fl oz, utilizar huevos medianos (50 g/1 $^3/_4$ oz). Se recomienda disponer de un juego de tazas y cucharas medidoras graduadas, en particular las tazas para medir los ingredientes secos. Recuerde rasar los ingredientes para asegurar la exactitud en la medida.

Medidas norteamericanas

Se supone que una pinta americana es igual a 16 fl oz; un cuarto, a 32 fl oz y un galón, a 128 fl oz. En el sistema imperial, la pinta es de 20 fl oz; el cuarto, de 40 fl oz y el galón, de 160 fl oz.

Medidas secas

Todas las medidas se consideran al ras. Cuando llene la taza o cuchara, rase el nivel con el filo de un cuchillo. La escala que se presenta a continuación es de "equivalentes para cocinar"; no es la conversión exacta del sistema métrico al imperial. Para calcular las equivalencias exactas, use la proporción de 2,2046 lb = 1 kg o 1 lb = 0,45359 kg.

Métrico	Imperial	
g = gramos	oz = onzas	
kg = kilogramos	lb = libras	
15 g	$^1/_2$ oz	
20 g	$^2/_3$ oz	
30 g	1 oz	
60 g	2 oz	
90 g	3 oz	
125 g	4 oz	$^1/_4$ lb
155 g	5 oz	
185 g	6 oz	
220 g	7 oz	
250 g	8 oz	$^1/_2$ lb
280 g	9 oz	
315 g	10 oz	
345 g	11 oz	
375 g	12 oz	$^3/_4$ lb
410 g	13 oz	
440 g	14 oz	
470 g	15 oz	
1000 g - 1 kg	35,2 oz -2,2 lb	
1,5 kg	3,3 lb	

Temperatura del horno

Las temperaturas Celsius que damos no son exactas; están redondeadas y se incluyen sólo como guía. Siga la escala de temperaturas del fabricante de su horno, cotejando con el tipo de horno que se describe en la receta. Los hornos de gas calientan más en la parte superior; los hornos eléctricos, más en la parte inferior, y los hornos por convección suelen ser parejos. Incluimos la escala Regulo para cocinas de gas, que puede ser de utilidad. Para convertir grados Celsius a Fahrenheit, multiplique los °C por 9, divida por 5 y luego sume 32.

Temperaturas del horno

	°C	°F	Regulo
Muy bajo	120	250	1
Bajo	150	300	2
Moderadamente bajo	160	325	3
Moderado	180	350	4
Moderadamente alto	190-200	370-400	5-6
Caliente	210-220	410-440	6-7
Muy caliente	230	450	8
Máximo	250-290	475-500	9-10

Medidas de moldes redondos

Métrico	Imperial
15 cm	6 in
18 cm	7 in
20 cm	8 in
23 cm	9 in

Medidas de moldes rectangulares

Métrico	Imperial
23 x 12 cm	9 x 5 in
25 x 8 cm	10 x 3 in
28 x 18 cm	11 x 7 in

Medidas de líquidos

Métrico	Imperial	Taza y cuchara
ml	fl oz	
mililitros	onzas líquidas	
5 ml	1/6 fl oz	1 cucharadita
20 ml	2/3 fl oz	1 cucharada
30 ml	1 fl oz	1 cucharada más 2 cucharaditas
60 ml	2 fl oz	1/4 taza
85 ml	2 1/2 fl oz	1/3 taza
100 ml	3 fl oz	3/8 taza
125 ml	4 fl oz	1/2 taza
150 ml	5 fl oz	1/4 pinta
250 ml	8 fl oz	1 taza
300 ml	10 fl oz	1/2 pinta
360 ml	12 fl oz	1 1/2 taza
420 ml	14 fl oz	1 3/4 taza
500 ml	16 fl oz	2 tazas
600 ml	20 fl oz - 1 pinta	2 1/2 tazas
1 litro	35 fl oz - 1 3/4 pinta	4 tazas

Medidas por tazas

Una taza de los siguientes ingredientes equivale, en peso, a:

	Métrico	Imperial
Albaricoques secos, picados	190 g	6 oz
Almendras enteras	155 g	5 oz
Almendras fileteadas	90 g	3 oz
Almendras molidas	125 g	4 oz
Arroz cocido	155 g	5 oz
Arroz crudo	220 g	7 oz
Avena en hojuelas	90 g	3 oz
Azúcar	250 g	8 oz
Azúcar glass, tamizada	155 g	5 oz
Azúcar morena	155 g	5 oz
Chocolate en trocitos	155 g	5 oz
Ciruelas secas, picadas	220 g	7 oz
Coco deshidratado	90 g	3 oz
Hojuelas de maíz	30 g	1 oz
Frutas desecadas (surtidas, pasas de uva)	185 g	6 oz
Frutas secas, picadas	125 g	4 oz
Germen de trigo	60 g	2 oz
Grosellas	155 g	5 oz
Harina	125 g	4 oz
Jengibre confitado	250 g	8 oz
Manzanas secas, picadas	125 g	4 oz
Materia grasa (mantequilla, margarina)	250 g	8 oz
Miel, melaza, jarabe de maíz	315 g	10 oz
Cáscara de cítricos confitada	220 g	7 oz
Pan seco molido, compacto	125 g	4 oz
Pan seco molido, suelto	60 g	2 oz
Queso rallado	125 g	4 oz
Semillas de ajonjolí	125 g	4 oz

Longitud

A algunos les resulta difícil convertir longitud del sistema imperial al métrico o viceversa. En la escala siguiente, las medidas se redondearon para obtener números más fáciles de usar.

Para lograr la equivalencia exacta de pulgadas a centímetros, multiplique las pulgadas por 2,54, en virtud de lo cual 1 pulgada es igual a 25,4 milímetros y un milímetro equivale a 0,03937 pulgadas.

Métrico	Imperial
mm = milímetros	in = pulgadas
cm = centímetros	ft = pies
5 mm - 0,5 cm	1/4 in
10 mm - 1,0 cm	1/2 in
20 mm - 2,0 cm	3/4 in
2,5 cm	1 in
5 cm	2 in
8 cm	3 in
10 cm	4 in
12 cm	5 in
15 cm	6 in
18 cm	7 in
20 cm	8 in
23 cm	9 in
25 cm	10 in
28 cm	11 in
30 cm	1 ft, 12 in

índice